開成学園
男の子を
伸ばす教育

芳野俊彦
開成中学・高等学校校長

小学館

はじめに

私は、本校へ教育実習に来る学生たちに、次のようなたとえ話をよくします。

「学校教育においては、先生が発する言葉や文字は通信手段であり、生徒はそれを受けとめ、回路を働かせる受信器です。ただし、先生が単に自分の専門知識を通信するだけでは、教育をしたことにはなりません。それでは生徒の回路も働かないでしょう。生徒にうまく受信させ、それを自分の中で増幅させ、アウトプットさせる。そこに至って初めて、回路が働いた、教育をしたと言えるのです」

こちらがどんなに通信手段を駆使し、発信しても、生徒自身がやる気にならなければ、彼らの回路は働かない。ですから、私たちはまず、「やる気の回路を作る」ところから始めなければならないのです。そのためには、通信を始める前に、生徒それぞれの波長に合わせてこちらがチューニングをすること。時にはノイズが入って伝えたいこともうまく伝わりませんから、その場合はもう一段階の調整が必要になります。

さらに、中学・高校時代は、小さくても一度でもいいから、成功体験をさせることです。

成功体験は「やる気の回路」を作り、次にほかの課題が持ち上がったとき、必ず働きます。本校の教育を語る上で、運動会や文化祭といった学校行事をはずすことができないのは、それが生徒の中に多様な回路を構成し、実際に働かせるために用意された舞台装置のひとつになっているからです。

「質実剛健」と「自由の精神」は、本校創立以来、脈々と受け継がれている教育理念です。物事の本質を見極め、自身で自由に学ぶ。加えて私は、本校には「進取の精神」という風土があるのではないかと思っています。時代を先取る。前人がやっていないことに挑戦する。この進取の精神を重んじる雰囲気は、私が在籍していた当時すでにあり、英語にしても数学にしても授業の半分は生徒自身に考えさせる内容であり、ロジカルな思考が求められました。すると、若い世代というものは、おのずと「人の真似《まね》はしたくない」「新しいことをやりたい」と、やる気を出すのです。

私が大学時代に、「先人が論文に1行でも書いていることは研究したくない」と気負い、光磁気ディスク（MO）の基礎研究を皮切りにファイバーやレーザーの基礎・応用研究に取り組むに至った背景にも、この風土の影響は大きいと確信しています。また、私ならずとも、これまで本校が輩出してきた数多くの優れた人材をご覧になれば、中学・高校時代の基礎づくり、回路づくりがいかに大切か、お感じいただけるのではないでしょうか。

本書は、これまで私が校長として取材や講演でお話ししてきたこと、原稿にしてきたことをまとめ、改めて本校で営々脈々と継承されている教育について考えてみたものです。学校行事や生徒指導の様子も出てきますし、学習方法や成績のこと、リーダー論、不登校、挫折《ざせつ》や失敗体験への対応についても言及しました。

また、学校と家庭は両輪であり、どちらも子どもの教育には欠かせない環境ですので、そちらについても思うところを記しました。家庭は子どもにとって、尽きることのない地下水脈です。この地下水脈があるからこそ、子どもはやる気が出るし、意欲的にもなる。学校教育のベースには家庭があると言っても、過言ではないからです。

なお、本文中では、教員や生徒、親御さんの声を例として取り上げていますが、人物を特定しないよう編集したものであることをご理解くださるようお願いいたします。

開成学園　男の子を伸ばす教育　◆　目次

第三章 開花を待つ時間

第一章

新しい出会い

入学生宣誓

毎年4月5日、本校ではふたつの入学式が執り行われます。

まず、午前10時30分からが、高校の入学式。

中学校から上がってくる生徒が３００人、受験して入ってくる生徒が１００人、そのため新１年生は合計４００人となります。ご家族が来場されるので、体育館に並べた椅子《いす》はほぼ満席となります。


そして、午後1時からは中学校の入学式。

こちらの新入生は３００人で、付き添い人数は高校より多く、1家族平均して3人はいらっしゃるため、体育館はぎっしり満席となります。校歌とクラシック音楽がしばらく館内を流れた後、生徒たちは皆緊張した面持ちで式を迎えます。

中学校舎に沿って桜がちょうどきれいに咲いている季節です。制服がまだ大きめな初々《ういうい》しい生徒が入ってくると、新しい活気が学校全体にみなぎります。

式次第は、中学・高校ともに、

開式の辞
学園長祝辞
校長式辞
父母と先生の会会長祝辞
入学生宣誓
学年主任及び組主任紹介
閉式の辞

となっており、中でも「入学生宣誓」は、簡単ですが、非常に重要なセレモニーです。

これは、中学・高校ともあいうえお順で1番の生徒が、入学生代表として宣誓文を壇上で読み上げるもの。成績1番、ではありません。

宣誓内容は昔から同じで一語一句変わらないのですが、いったい何を誓うのでしょうか。ちょっとご紹介しましょう。

入学生宣誓

私たちは、今日から開成中学校の生徒として学校の名誉と伝統を重んじ、諸規則を守り、その本分をつくします。

右宣誓いたします。

文面としてはたいへん簡素なものですが、この「諸規則を守り」のくだりはとても重要です。

ここで言う「諸規則」とは校則のことで、品行、出欠などの生活態度、進級の可否など成績に関するものなどです。品行とは人の名誉を傷つけないとか、犯罪に手を染めないとか、いわゆる社会的なルールです。

「本校の生徒として、世の中のルールを守ります」と誓う。つまり、自分は本校の一生徒ではあるが、この大きな世界の一員でもあり、社会とつながっている。だからそのルールを守るのだ、という自覚を促すセレモニーが、「入学生宣誓」だというわけです。

「何を今さら」と思われるでしょうし、実際、新1年生たちは、通過儀礼のひとつとして受け止めているのか、壇上で宣誓する生徒も自席で聞いている生徒たちも、淡々としたものです。

しかし、「入学の時点で私たちはこういう約束をしたのだ」ということが、後々の拠《よ》りどころになります。万一この約束を破れば、当然、本校に在籍し続けることはできないということにもなるのですから。

ちなみに本校では、人の道に外れるようなことを禁じているのはもちろんですが、服装や態度に関しての厳しい規定はないと言えます。服装について言えば、黒い詰襟の服と白いワイシャツの着用はルール化していますが、それ以外は自由です。

学生としての本分を自覚した上での自分なりの健全な行為であれば、どうぞ自由にしてください、という方針です。

ところで、式次第にもある「組主任」とは、クラス担任のことです。

本校では、中学入学時に組主任となった先生は、原則としてその学年を6年間持ち上がりで、担任していきます。生徒のクラス替えはします。

定年などの諸事情で持ち上がりにならないケースもありますが、8割くらいの組主任は、6年間その学年を見ていくことになります。

選ばれた者には責任がある

本校では、通学範囲を規定していません。入学願書に記入された住所を見て、受験自粛をお願いするということもありません。まれには、新幹線通学をされるケースがありますが、これについても、ご家族が判断してよし、とされるのであれば、学校からは何も申し上げないことにしています。

しかし、塾が合格実績を上げるために受験を勧め、本人に入学するつもりがないのに合格してしまい、結果、辞退者が多数出るなどのケースもあります。ある年、到底通学できないであろう地域のお子さん数十名が、本校を受験して、合格したことがありました。

東京の場合、中学受験シーズンは2月初旬に集中していますが、地方によっては1月中に終了します。この年は、すでに地元の中学校に合格しているにもかかわらず、本校を受験しに来たお子さんが大勢いたのです。

すでに入学先が決まっている彼らには、プレッシャーがありません。合格もするし、辞退もする。こういう件についてはは様々なご意見がありますが、現在のところは、保護者の皆さまの良識を信じて、従来通り規制しないままにしております。

そういうことからも、私は偏差値というものには疑念を持っていますが、これまで各界に優れた人材を輩出してきた本校の歴史を振り返ると、中学・高校の教育において、常に指導的な役割を果たしてきた存在であるのは確かで、襟《えり》を正す思いがします。

ですから、難関を突破して合格、入学してきた以上、生徒たちには、選ばれた者として責任を負っていることをぜひ自覚してほしい、と思うのです。

そこで、私はある年の中学入学式で、「皆さんには、海中に浮かぶ氷山のような人間になってほしい」という話をしました。

氷山は、全体の9割は水面下に没していて、海上の目に見える部分を支えています。水面下の部分は、いわば氷山の基礎にあたり、この基礎が大きければ大きいほど、海上に出る部分も大きくなり、いざというときに大きなパワーを発揮します。

このたとえは高校で学ぶ生徒たちにも当てはまります。社会の諸規則を守るなど基礎中の基礎であり、学業、精神、身体、あらゆる面でまず基礎を大切にしてほしい。うわべではなく、氷山のごとく人の目に見えない内面を充実することにまず専念し、豊かに、大きくして、世の中へ出ていくための準備をしてほしい。それこそ、選ばれた者としての責任であると。

氷山の話は、年度によって山登りになったり、時流に合った別のたとえになったりしますが、いつも念頭にあるのは、「選ばれて入学してきた者としての責任を自覚し、人間としての基礎を大切にするように」という一点です。

さて、入学式を終えると、中学生たちは撮影スポットとなっている桜の木の下で、ご家族と写真を撮ったり、敷地内をめぐったりして、足どりも軽く本校の一員としての一歩を踏み出します。

私は毎年、「入学式の真意は伝わったかな」と思いながら、その微笑《ほほえ》ましい光景を眺めています。

旧校生と新校生

合格までの長い道程を思えば、本校の入学式は中高ともに、拍子抜けするくらい、あっさりしたものでしょう。式の雰囲気は非常に厳粛ですが、進め方はたいへん簡潔です。来賓のあいさつもなければ、特段の歓迎行事もありません。

本校の高校には、「旧高生」と呼ばれる、中学校から進学する生徒３００人と、「新高生」といって、高校受験して新たに入学してくる生徒１００人の、合わせて４００人が１学年に在籍しています。

クラス編成は、中学校が１クラス43人で7組あるのに対して、高校は１クラス50人となり、８組。この１クラス50人という数に驚く方は多いようですが、教室は余裕を持った設計になっていますし、選択科目では50人が一緒に授業を受けることもありませんから、別段困った事態にはなっていないようです。

それよりも、「高校入学にあたり、旧高生と新高生の学力の差が心配だ」という声があります。これは、新旧どちらのご家庭からも聞こえてくる声です。

確かに、かつては新高生のほうが勉強に対する緊張感が高く、卒業まで好成績を維持するという時代がありました。しかし、昨今は、卒業する時点でほとんど差がない状態となっており、２００８年度の大学合格実績を見ても、違いはありません。

ただし、高校入学当初の学習進度を見ると、旧高生のほうがやや先んじているので、高校の1年次だけは、５・６組は新高生、ほかは旧高生というクラス分けをし、旧高生と新高生を完全に別の組にしています。

さらに、新高生については、キャッチアップのために授業展開と併せて、週1回7時限目を設け、1年間補講をしています。

補講科目は、古文や漢文、数学など。選択ではなく新高生全員が必修です。

このように、新高生には1年間かけて、じっくり本校での学習方法になじんでもらい、2年次からは新旧シャッフルして、隔てなく8組にクラス分けします。

「ばね」を太く大きくする

本校に入学してくる生徒たちは、大なり小なり、伸びる素質、つまり「ばね」がいくらか伸びてしまった形で入学してきます。受験勉強でたくさん「ばね」を使うのでしょう。できれば「ばね」を伸ばし切らずに、少し余裕を持って入学できるようになるとよいのですが。

そういう状態ですから、入学後の私たちの務めは、「ばね」をさらに伸ばすのではなく、ひとりひとりの「ばね」そのものを太く大きくすることだと考えています。

細く小さな「ばね」を引っ張り続けていれば、やがて伸び切って元に戻らないばかりか、金属疲労を起こして千切れてしまう。中学・高校の入学と同時に燃え尽きてしまいます。

「ばね」は、それが太く大きいほど、大きな力がかかったときに、エネルギーを内側に貯《た》めて耐えることができます。大きな力がかかればかかるほど反発して、それまでの自分を超えて伸びていくエネルギーも大きくなります。

太く大きな「ばね」を持った子どもは、世の中に出てからもストレスに強く、一生の間に必ず力を発揮するものです。「ばね」は、どんなに太く大きくしても、し過ぎることがありません。

ただし、いくらか伸びた「ばね」を太く大きくするには、時間がかかります。

そのことを今の大人は忘れがちで、受験が終わって入学したら、今度はその学校に合う強い「ばね」を、早く急いで作ってやらなければ間に合わない、と勘違いしてしまう。

中学生や高校生を見るときには、「時間がかかるものだ」という意識を持っておくことが大切なのです。

では、どうすれば生徒たちの「ばね」を太く大きくすることができるでしょうか。

私は生徒たちに、次のように勧めています。

時間をかけて、じっくり考える。
自分が納得するまでやってみる。
好き嫌いをせずに、幅広く勉強してみる。
学校行事や部活動に積極的に参加して、
自分の可能性を探りつつ、少しずつ広げていく。

当たり前のことですが、この当たり前のことを、生徒たちが自分たちのペースでやっていける環境を提供することこそ、中学・高校の務めではないかと考えています。

ストレスを支える

子どもへの期待が大きければ大きいほど、彼らにかかるストレスは大きくなります。だからといって、もう期待しない、勝手にすればいいでは、教育放棄になります。過剰な期待は負担になるし、過少な期待は無関心になる。

「ストレスに負けず、むしろ期待に応《こた》えて成長できるような人間に育てたい」というときに、こんなふうに考えてはいかがでしょうか。「ばね」を太く大きくすればストレスに強くなる、ということと同じような意味あいで、工学を専門とする私がよく使う比喩《ひゆ》です。

ストレスとは、機械工学においては力（負荷）を面積で割ったもの、つまり応力（stress）のことです。その単位は圧力と同じく、Newton/㎡。どれだけの強さまで耐えられるかといった、材料の性質を評価するときに使う用語です。

力が存在するところには必ずストレスが発生します。そして、「負荷÷支える面積＝ストレス」がその材料の限界値を超えると、どんな物体でも破壊します。

また、先のストレスの定義で考えれば、分子である「負荷」は、決してゼロにすることができません。よい大学へ入学したいとか、世の中で成功を収めたいといった、高い目標や向上心は、「負荷」をさらに大きくします。高い志は、それ自体が大きな負荷となるのです。

社会に出れば、自分とは価値観や個性、資質などが異なる多様な人との接触や交流を余儀なくされるので、さらにストレスは増大するでしょう。

では、どのようにしたらストレスを軽減することができるでしょうか。

方法には2通りあります。ひとつは目標を低くして負荷を減らすやり方、もうひとつは土台となる分母を大きくするやり方で、私の教育方針は後者です。

分母、つまりストレスの定義でいうところの「支える面積」に相当するものには、自分の容量（capacity）、可能性（capability）、忍耐力、免疫力などがあります。この「面積」を大きくするためにも、学校教育はたいへん役に立つと、私は思っています。

学校では、授業や行事を通して、幅広い教養や体験を学ぶことができます。物事に対して単眼的でなく、複眼的な視点を持てるようにもなります。するど、「何かを成したい」という志を抱いたときに、新たに生じる負荷に耐える力、抵抗する力が備わります。失敗体験なども、生徒たちに忍耐力や免疫力をつけます。分母となる「面積」を大きくするということは、言い替えれば人としての「幅」を大きくすることでもあります。

その「幅」にはいろいろあります。経験という幅もあるでしょう。ですが、今の生徒たちに共通しているのは、この経験の幅が狭いということです。物質的に豊かな水準にある現代において、彼らには、「自分で考えて工夫しなければ生きていけない」という実体験がありません。

本校の生徒たちを見ても、物に執着しない。忘れ物箱を設けても取りに来ない生徒がいるのは、また買えばいい、取り替えがきくと思っているからでしょうか。

個人主義なのか、集合時間に遅れそうな生徒がいても、声をかけ合ったりしないこともある。人は人、自分は自分、そういう時代背景があるからでしょうか。自主性を重んじるということと、これとは、違うと思います。

パソコンにしても自動車にしてもコンビニにしても、生まれたときから身近にあって、これらは人工物でありながら、第2の自然のごとく存在しています。親からは大事にされ、厳しくされた経験も少ないと思います。

また、「幅」には、時間的な幅もあります。

生徒の中には、要領がよく、あっという間に物事をやり遂げてしまう生徒もいれば、将来一生かけて何かを成し遂げそうな生徒もいます。

中学・高校の6年間では、答えが出ないほうが普通です。ですから、時間がかかっているように見える生徒の場合は、「彼は今、時間という〝幅〟も分母に加えているのだ」と、考えるようにしています。

そういう生徒は、時間というどっしりとした幅が分母に加わったときに、より大きな分子を積んでいくことができるはずです。

長い目で見ると子どもにはそういうことがあるのですから、決して彼らを追い立ててはいけないし、成果を急いではいけないのです。

本校では中学校と高校の入学時に、自己紹介を兼ねて作文を書かせます。

これを『中学1年生の素顔』『高校1年生の顔』という文集にして配るのですが、中学1年生の文集には、学校生活への抱負や将来の夢が素直に綴《つづ》られているのに対して、高校1年生たちは、「中学の3年間は勉強をサボって、○○（部活や趣味など）ばかりしていた」とか、「この学校は自主性を重んじるため、勉強をしなくても何も言われない」「もっと厳しい学校だったら、僕はもっと勉強したはずだ」など、中学生の親御さんが読んだら、「うちの子も3年後にはこうなるのか」と、嘆きそうな作文も出てきます。

しかし、私は、そういうぼやきのような反省のような文面を目にするたびに、「これでいいのだ。彼は今、幅を大きくしているところだから」と思うのです。

ボートレース

4月の「ボートレース（定例競漕大会）」は、中学1年生が、「やっぱり小学校とは違う！」と実感する、最初の学校行事でしょう。

本校には部活動としては珍しく、創立120余年を誇る端艇《たんてい》部（ボート部）があります。この部員たちが、筑波大学附属高校の端艇部と、年に1回、対校戦を行っているのです。


会場は、埼玉県の戸田ボートコース。1920年（大正9年）に始まったこの大会は、現在、国内で最も長く続いている対校戦として知られています。

そもそもボートレース（イタリア語でレガッタ）は、英国で発達したスポーツであり、複数の漕《こ》ぎ手で競われるため、クルーの身体能力の高さはもとより、協調性やマナーが求められる競技です。

ほとんどの競技において個人的な活躍がもてはやされ、個人が英雄視されることが多い昨今、クルー全員の没我的な活躍が賞賛の対象となるボートレースは、観戦するだけでも価値がありますし、また勝敗の結果以上に、感動のドラマがあります。

ボート部の部員たちにとっては、他の部活動にはない晴れ舞台です。

また、この日の試合結果は、ＯＢたちにとってもたいへんな関心事であります。

毎年、週末に開催されることもあり、駆けつけた両校の生徒や教員、そしてＯＢ、保護者の方々で、荒川の川岸は埋め尽くされます。

試合はまず、両校の応援団によるエール交換から始まります。

この最初の応援がクルーたちを奮い立たせるため、本校では応援団に加え、入学したての中学1年生３００人と新高生１００人を動員し、一丸となって応援します。

希望の光仰ぎつつ、ただ猛然と進むこそ、わがペン劔の教義《おしえ》なれこの応援歌がＯＢらと高らかに歌い上げられると、いよいよ試合開始です。

入学式から日がないにもかかわらず、新入生たちは家でＣＤを使って校歌と応援歌を憶え、応援団の高校３年生の指導のもと、練習を重ねてこの日を迎えています。

会場でＯＢや他校生の視線を浴びながら、本校の一員になったという実感がふつふつと湧《わ》いてくるでしょう。

クルーたちの奮闘ぶり、卒業しても駆けつけてくるＯＢたちの愛校心を目の当たりにして、本校が重んじているところの精神をつかんでくれるのではないかと思います。

長い伝統に培われた独特な雰囲気があるこの学校行事は、新入生にとっていわば洗礼の場であるかもしれません。

百の文言より、本校の伝統や雰囲気、自分たちがこれからたどる未来のイメージをつかむ、またとない機会になっているのではないでしょうか。

さて、このボートレースもそうですが、運動会や文化祭などあらゆる学校行事において、本校には学年を越えた交流の機会があります。

その中で生徒たちは、横つながりの交友関係だけでなく、縦の人間関係を学び、身に付けていくのです。

中学・高校合同運動会

本校には、「自主性」「おおらかさ」「本質志向」「手作り」などの言葉で表現される、独特のカルチャーがあります。学校行事にもその精神が反映されており、企画から実施に至るまで、生徒たちが自主運営しているものがいくつかあります。

毎年5月に開催される中学・高校合同の運動会は、その最たるものでしょう。

本校の運動会は、「運動会準備委員会」「審判団」「運動会審議会」という3つの大きな生徒組織によって、運営されています。

「運動会準備委員会」（通称・運準）は、運動会の行政を担当します。

高校2年生以下で構成され、パンフレットを制作する報道係をはじめ、フィールドにラインを引く会場係、競技に使う用具を準備する演技準備係など様々な部門があり、運動会を実質的に運営します。

「審判団」は、運動会の司法を担当する組織です。高校3年生の審判長を筆頭に、高1から高3までの副審判長、一般審判員らが、各競技のルール案の作成から当日の審判までを担います。

「運動会審議会」（通称・運審）は、運動会の立法を担当する一大組織です。運準委員会、審判団など、運動会にかかわる代表約100人と、「顧問団」と呼ばれる教員組織、そして校医とともに、審判団から上がってきたルール案を審議したり、予算や日程を検討し、中高合わせて2100人いる生徒の総意をまとめます。


このシステムを見ると分かるように、本校では、勝利条件や反則行為など、各競技のルールは、毎年、生徒たちが決めています。前年度の反省を踏まえてルール案が出されるので、毎年、ルールが変わるのです。

たとえば70年以上続いている名物競技「棒倒し」については、ある年から、頸椎《けいつい》への負担が大きいという懸念のあった「団子」というスクラム攻撃が廃止になりました。

２００９年度のパンフレットを見ると、「怪我《けが》を未然に防ぐ、公平性を保つなど、棒倒しのルールは大変複雑です。毎年、審判団が作成した原案を運動会審議会で協議し、改定していきます」とありますから、ルールはこれからも変化していくのでしょう。

ところで、本校の運動会は、中高縦割りの、紫・白・青・緑・橙《だいだい》・黄・赤・黒の８組で競技が行われます。これは１組から８組までのクラスカラーで、色も数も毎年変わりません。高校２年から３年にかけてはクラス分けをしないので、高校２年生は自分が所属したクラスの色が、そのまま３年次でも自分の色になります。

これが中学生の場合、１組から７組までしかありませんから、各クラスを８グループに分けて、それぞれの色に組み込みます。

この８色の組の頂点に立つのが、「組責任者」（通称組責）と呼ばれるリーダーと「応援団長」です。各色組は、役職者のあいさつ、自己・他己紹介、企画などを載せた分厚い「公式パンフレット」を出します。

組責は、各学年に「チーフ」と呼ばれる学年係を送り込み、競技の駆け引きを教えたり、

「アーチ」の制作や「エール」での応援指導にあたったりします。

「アーチ」とは、応援席に飾られる巨大なパネルで、各組の意気込みを視覚的にアピールする作品と言っていいでしょう。その出来栄《ば》えは「アーチ賞」の対象となるため、3月の春休みともなると芸術方面を得手とする生徒が、デザインや制作の場面で力を発揮するシーンもあちこちで見られます。

また、応援の際に歌う応援歌（エール）は、毎年、エール係が自分の組のために作詞・作曲するもの。最近ではCDに録音して、これを楽譜とともに配布し、組ごとに練習して当日に備えているようです。

このエールにも「エール賞」という賞が贈られ、こちらにも意外な才能を発揮する生徒が出てきます。


運動会に関しては、このほか運動会倫理委員会がありますし、そのような執行部に属さない生徒にも、何かしら出番が用意されているというわけです。

それにしても、このすべてを生徒たちが自主的に企画・運営しているのですから、たいしたものだと思います。

運動会は、ともすると運動神経抜群な生徒ばかりが注目され、スポーツに関心のない生徒にはつまらない行事となりがちな行事です。もちろん、実際にそのような生徒がいたとしても無理強いはしないという雰囲気はちゃんとありますが、それでも、アーチやエールの導入によって、いろいろなパーソナリティーに光を当てたところが、本校の運動会の特色だと思います。

ところで、生徒の多くが運動会という学校行事に何らかのかかわりを持つ一方、先生たちは何をしているのかというと、何もしていません。

「顧問団」という教員組織はありますが、「そのルールでは難しいのではないか」とか、「ケガをしないだろうか」とか、留意点を指摘するサポート役です。顧問になった先生から、「ケガの心配からルールを変えてほしいと申し入れても、真剣に議論しているうち負けてしまうことがある」という声も聞きます。

運動会の舞台となるフィールドの中に指南役として入ることも一切なく、本番でも先生の出番は「生徒がケガをした」など、緊急を要するトラブルが起きたときだけ。あくまでもオーガナイザーに徹し、口をはさまないのです。

さて、運動会が終わると、翌年の準備が始まります。

運準は高校2年生、それ以外は高校3年生が仕切ると決まっているので、前年度に選挙が行われます。

これが激しい選挙で、立候補者は自分がどれくらいリーダーにふさわしいかを表明し、承認を得るまで何度も選挙を繰り返します。

各リーダーが決まると、翌年に向けての活動がスタートします。企画、運営、検討、実行と、運動会は1年がかりの生徒による学校行事なのです。

運動会は、中学受験前に見学される親子さんも多く、入学後に楽しみな行事として挙げる生徒はたくさんいます。

また、リーダーとして活躍する先輩たちの姿を見て、「高校生になったら、ぜひ運準委員になりたい」と意欲を燃やす生徒も大勢います。

失敗や挫折を自分の学びに

学校生活は、実社会に出る準備のためにあります。

実際の人生には、成功あり、失敗ありで、割合としては失敗する場合のほうがはるかに多いでしょう。ですから、学校教育においても、失敗体験を上手に積ませ、失敗からどう学ぶか、というようなことを教えていく必要があります。

それにはまず、成功と失敗の区別をしておきたいと思います。

成功とは、「自分が立てた目標に到達した状態」であり、失敗は「自分が立てた目標に到達しなかった状態」です。つまり、どちらも状態の一形態であって、他人が判断するものでもないし、永遠に変わらないものでもありません。

100点満点のテストで70点をとったとして、それが成功だったか失敗だったかは、本人だけの問題です。だいたいテストの点数に成功も失敗もない、「このテストにおいて自分の力は70点だった」という、ただそれだけです。反省をするなら、そこに至るまでの状態を振り返って学ぶことでしょう。

これが「誰《だれ》かを怒らせてしまった」という、自分以外の人にかかわる問題であれば、それは失敗です。このときは、「こういうことを言えば相手が怒るかもしれない」と予測できなかった、自分の想定範囲の狭さを知って、次から対応を変えればよいのです。

「自分は何を実現しようとしているのか」という明確な目標があり、常に自分の現実と見比べることができれば、「まだ目標に到達できるレベルではなかったのだ」と納得できるので、失敗や挫折《ざせつ》は一時的な状態で終わります。そして、その時々の失敗や挫折に学ぶ、これが上手な失敗体験の積み方です。

私自身は、完璧《かんぺき》主義者的な傾向があるためか、限界を突破しようとして、やり過ぎてしまうことがあります。よく言えば「向上心が強い」。言い方を替えれば、「程度を知らない」。結果、最初に思っていたほどうまくいかない。

たとえば、数学の問題を解くときに、直感で「解けそうだ」と思ったとします。

しかし、直感とは感覚ですから、当てにならないものでもあります。そこで私は、「これは思いつきに過ぎないから、一度否定してみよう」とか、「もっと再現性のある解き方があるのではないか」と、自分の感性や価値観を疑ってみたことがあります。すると今まで簡単にできていた問題が急に解けなくなってしまったのです。それで、私の場合は、「力むとうまくいかないんだな。ほどほどにしておこう」と、考えることができるようになりました。

ただ、現代の子どもたちには、失敗や挫折を自分の学びにさえしてしまう、そんなタフさが不足しているように感じます。

人間関係は家族や友人など、あ・うんの呼吸で分かり合えるいわば同質の人たちばかり。共通の背景、似たような環境の中では、気持ちが大きく揺さぶられたり、悩んだりする体験は、なかなか得られないでしょう。「幅」の狭い、限られたストライクゾーンでの経験しかしていない。ほかの世界を知らないのでしょう。

忍耐力や免疫力がついていない上に、先のストレス方程式にしたがえば、分母となる「面積」が小さいまま。そのために、本人にとって異常な事態が起こった場合のストレスは計り知れず、結果、すぐにキレたり、果ては深刻な事件を引き起こしたりする。


大切なのは、失敗や挫折をしないことではなく、そこから回復する精神的なタフさを備えることです。なぜ挫折したのか。今回の挫折を次のトライにどう生かすか。そういうタフさを身に付けるには、やはり小さな失敗体験を何度も重ねることでしょう。

本校の教員と保護者によって構成されている「父母と先生の会」の会報誌に、運動会の組責任者を終えた生徒から、こんなコメントが寄せられていました。

「過去の失敗をいちいち気にするな。未来にどう生かすかだけ考えろ」

部活動や学校行事に取り組むと、そこには学年を越えた交流がありますから、自分とは違う価値観に自然と触れることができます。大勢の人とコミュニケーションをとるチャンスもあるでしょう。そういう環境の中で、時には失敗体験も味わいながら、成功に導いていく経験をしてほしいと思います。

本校での経験が、失敗に向き合い、そこからはい上がっていくタフさを、生徒たちに教えてくれることを願っています。

中学では、小学校時代がリセットされる

「自分の目標に到達したことが成功である」という話が出ましたが、ちょっと書き添えておきたいことがあります。

本校にも、入学した時点で、「目標に到達した」「自分は成功した」と、ここで満足してしまう生徒がいます。まわりからの称賛もあるでしょう。先の「成功や失敗は、他人が判断することではない」ということに気づいていないと、ここですっかり慢心してしまう。「合格＝成功」だと受け止めてしまっているケースです。

しかし、考えてみてください。そういう「他人の判断」の目で眺めてみれば、ここは成功者の集まりであるとも言えるのです。

もともと試験に合格して入学しているのですから、本人には相当な実力があります。たとえ合格ギリギリの成績で入学してきたとしても、一定水準以上の能力があることには間違いないのです。

ところが、「入学は単にスタートに過ぎない。その先に、いくつものステップがある。これからだ」という自覚が不足しているために、「成功」に酔いしれ、努力をおろそかにしてしまうのです。

「自分は成功者だ、こんなはずはない」と、自暴自棄になってしまうケースも、ないわけではありません。

逆に、プレッシャーがかかり、がんばり過ぎて、埋没してしまうケースもあります。どう自覚させるか、そこが指導する側としても難しいところですが……。

ただし、これだけは言えます。

中学入学時点の成績と、大学を受験する頃の成績の間に、相関関係はまずありません。繰り上げで合格した生徒が学年トップの成績で卒業したケースは一度ではありません。

私が本校の学生であった時代もそうでした。

当時は入試の成績優秀者が最初の級長を命じられていたので、誰が高得点で合格したかがすぐ分かりました。しかし、最終的に順位はすっかり変わっていました。

そういうことがあるものですから、私は「順位は最低で入ってください」と言うのです。中学受験期がピークでそれ以降は下り坂では、本人も困るでしょう。余力があるなら小学生時代は体を動かしたり、好きなことをやる時間に費やしてほしいものです。そのときの経験が、中学生以降の土台になります。

また、中学校へ入る段階で、生徒たちには一度リセットがかかります。

小学生時代の成績は、主に塾や学校での指導の影響が大きく、時には家庭の教育方針にも左右されます。ですから、そこでどんなに成績がよくても、中学校という新しい学校教育の影響下に入れば、それまでとは違ってくるのは当然です。まして中学生以降は、生徒本来の資質や努力も、成績や人間形成に関係してきます。

それがどのようなものか分かるのは、中学2年生の後半くらいからでしょうか。小学生時代の影響が消えるのに1年半くらいかかり、それから本校の教育を受けた効果がじわじわと現れてきます。

そういう意味では、中学校入学後1年間の成績は、あまり当てになりません。ですから、入学後の成績が思ったほどでなかったとしても、慢心してはいけませんが、焦ることはないと思います。

さらに、これは私見ですが、よほどどこかで挫折しない限り、中学2年から3年生頃の成績は、だいたい大学受験時の実力とリンクするようです。

もちろん例外はあります。おくての生徒は開花の時期がずれますし、高校生になるといろいろなファクターが生活に入ってくるので、勉強から離れてしまえば一概には言えなくなります。

ただ、普通にコツコツと勉強している半数以上の生徒は、そのような傾向でいきます。

本校では、生徒全員を対象とした通常の父母会を年に数回実施しますが、留年の懸念があるなどよほどのことがない限り、成績の件で個別に親御さんをお呼びすることはありません。

加えて言えば、成績の順位が悪いとか、よい点数がとれないなどは、生徒の「失敗」ではありません。

そもそも学生時代には、挫折経験はあっても、失敗というのはないのではないかと思っています。「失敗」ではなく、「未熟だ」ということではないでしょうか。

勉強でもスポーツでも、目標に達しなかったからといって、それを「失敗だ」とするのはどうかと思います。これがプロなら、数字を出さなければ評価されませんから、成功だとか失敗だとかいうことになるのでしょうが、学生はアマチュアですから。

学生のうちは、目標に達しなかったのは未熟さゆえの体験のひとつ、試行錯誤のひとつでしょう。

それで自分が損をするわけでもないし、誰かに迷惑をかけるわけでもない。試験の成績も、100点が成功で5点が失敗かというとそうではなく、「自分の力は5点だった」というただそれだけで、これは「失敗ではない」のです。

失敗というのは、たとえば数学を解くときにマイナス記号をつけ忘れた、ミスをした、ということです。順位が低いこと＝失敗したということにはなりません。

最低からスタートして、コツコツと普通にがんばり、最後に自分なりの花を咲かせればよいのです。

第二章

養う力

自学自習を習慣づける

本校に入学後、「授業についていくのがたいへんだろうから、塾へ行かせる」という親御さんがいます。

先にも書いたように、新しく入った学校の教育効果が現れるまでには、少なくとも1年半くらいはかかります。また、生徒自身の資質や年齢的な要因から、開花が遅い生徒もいれば、実際に勉強から気持ちが離れてしまう生徒もいます。

成績を気にして「何とかしたい」と思う親御さんの気持ちは分かるのですが、私は、勉強は「自学自習」がいちばんだと思っています。

実際に生徒の声は、「学校の勉強だけで十分だ」が多数派で、通塾する生徒は半数くらいでしょうか。

学校の授業展開はどうしても総合的になりますから、特定の分野を自分のペースでもっと深く追究したいという生徒には、塾通いも適しているかもしれません。彼らが自らの意思によって、通塾していることを願うばかりです。

中学・高校時代は、あくまで生徒自身が主体的でなければいけません。学んだことを自分の頭で論理的にとらえ、納得できるまで工夫し、考えてみる。時間はかかるのですが、このような学習を続けていると次第に習慣となり、やがて自分の血肉として体質化していきます。

ですから、成績を上げるため、塾から効率のよいやり方を与えてもらおうという安易な考え方には、感心しないのです。

勉強の仕方には2通りの姿勢があります。

ひとつは従属的、受動的な学習方法で、「習得する」「覚える」という意味を持つ英語のlearnがこれに当てはまります。

もうひとつは、主体的、能動的な学習方法で、「学問する」「研究する」という意味のstudy です。「自学自習」は、この study に通じます。

スポーツにおいても、監督やコーチに言われたとおり learn することに手を抜いてはいけませんが、技量を本当に向上させるためには、どうしたら最良のプレーができるか考え、イメージしながら工夫すること（study）が不可欠でしょう。

勉強にしても同じです。課題について主体的に、深く考えてみる。解答にたどり着くまで時間はかかるし、正答が出ないかもしれませんが、自分で調べ、あれこれ考えることに意味があるし、勉強していくことが面白くなるのです。

こうしてみると「自学自習」は、ワンランク上の勉強方法であるとも言えるでしょう。

創造とは、ほかの人がやっていないものにチャレンジすることです。

何か新しいものを目指すことが、創造の道だと言ってもよいでしょう。

ただし、この道には失敗するリスクもありますし、時間がかかるので、要領のよさとは相反します。

それが分かっているから、要領のよい子は創造的なことに手を出さないのですが、本校が目指す学校教育は、創造的な精神を養うところにあります。

高校生になって大学受験を意識する頃にも言えますが、受験に関係のない科目を早い段階から切り捨ててしまうと、自己啓発のチャンスを失います。

受験のスキルを習得し、要領よく大学に合格したとしても、その方法は実社会に出たら通用しないでしょう。

難関大学に合格することと、世の中で際立った存在になることは、別なのです。

中学・高校時代に自学自習の習慣をつけ、困難が生じても立ち向かい、独創的な課題を達成する、そんな力を植え付けたいと思っています。

生徒主体の学年旅行

学校生活のあらゆる場面において、生徒による自主的な行動を歓迎している本校ですが、「学年旅行」も、生徒たちが企画・準備する学校行事のひとつです。

学年旅行とは、他校では遠足とか、研修旅行、修学旅行と呼ばれているものでしょうか。毎年、中学1年生は2泊3日で富士山へ行き、飯盒炊《はんごう》さんや洞窟《どうくつ》探検、カヌーなど、様々な体験を通して、本校で初めて出会った級友たちと交流を深めます。中学2年生と高校1年生は1泊2日で、中学3年生は2泊3日で、そして高校2年生になると4泊5日で出かけます。

この旅行の企画・準備をするのが、「旅行委員会」（通称・旅委）です。委員会といっても生徒会の組織ではなく学年の係ですから、顧問の先生と話し合いながら計画は進められますが、それでも生徒主体による活動が大部分を占めると思います。

まず、旅行先を決めるのは、旅行委員会です。

旅程やコース、持ち物を決めるのも、旅行委員会です。

それらをまとめたパンフレットを制作するのも、旅行委員会です。

さすがに入学して間もない中学1年生は先生主導となりますが、それでも入学直後に委員を選出しています。これが中学2年生以上になると、毎年、学年旅行から帰ったあとに、次年度の旅行委員を選出します。


旅行委員会では、まずいくつか候補地を挙げ、顧問の先生と相談しながら絞り込み、さらにそれぞれの見どころや背景などを下調べします。

これを学年全体にプレゼンテーションして、みんなに投票してもらい、過半数を占めた候補地が次年度の旅行先となるのです。

予算もあるので最終的に許可するのは学校ですが、どこへ行くかは、ほとんど生徒たちの総意で決まると言っていいでしょう。投票の結果、高校2年生の旅行先が、北海道と九州に分かれた年もありました。

さて、目的地が決まると、旅行委員は細かな旅程やコースの設定についての検討を開始します。「旅行文集委員会」を設けて、旅行前に配布するパンフレットを制作し、旅行後には旅の思い出を綴った文集を発行します。

生徒たちが計画を立てるので、本校の学年旅行は、年度によっては目的地も旅程も変わるのが特徴です。中学3年生の旅程が、2日目からすべて終日自由行動になった年もありました。

旅行委員会の采配《さいはい》で、前年度に持って行ってはいけなかった持ち物が、翌年には許可されることもあり、それが委員を務める醍醐味《だいごみ》になってもいるようです。

彼らが制作するパンフレットも圧巻で、一種の研究資料集にもなっています。

ある年の高校2年生の旅行委員は、目的地の地理的・歴史的な背景を調べ上げ、学年旅行の歴史や先生の寄稿まで添えて、ゆうに1㎝の厚さはあるパンフレットを制作しました。

編集後記には、「観光要素に傾かないようにして、学問的な知識を中心としたパンフレットに仕上げるつもりで作りました」「ひとりひとりが自分の仕事をこなしてくれたおかげで、こんなに分厚いパンフを作ることができた」など、記されていますが、このときはあまりにも重いパンフレットになってしまったため、もう一冊、旅行中に持ち歩けるコンパクトなリーフレットも作成したようです。

このように、どんな体裁のパンフレットにして、何種類発行するかなども、その年の旅行委員会の自由裁量です。

旅行先では何日目にどこで何をするか、コース設定をして参加者を募り、人数調整をして、生徒全員をどこかのコースに割り振るのも、旅行委員の仕事。さらに旅行中は、生徒の点呼も旅行委員が担当します。

さらに旅行から帰ってくると、「旅行文集委員会」が、生徒たちの作文を編集し、文集にまとめます。こちらも体裁など自由で、生徒全員の作文から写真、俳句集など合体させている年度もありました。

九州旅行をした年の高校2年生の文集には、「班行動がノープランだったためボー然とした」などという率直な感想から、「夜の草原で星を見ながら眠ってしまったことなど、感動が多すぎて書きつくせない」といった充実派の作文、水俣《みなまた》病の追研究や社会学的考察をレポート仕立てにしたものなど、バラエティーに富んだ内容が並んでいます。

文集作りも生徒に任せているので、感想文ひとつとっても個性が出ます。

たいへんな労力だと思いますが、それでも、「規模は違うが、学年旅行は運動会や文化祭と同じようなもので、生徒自らが主体となって進めていき、先生など多数の人との協力で成り立っているという点で、開成の大切な伝統のひとつだと思う」「旅行委員会は、旅行を自分たちで作り上げていくことができる。責任も大きいし、時には友人から苦情が来ることもあるが、そのようなことをすべて受け止めた上で、自分はこの仕事にやりがいを感じている」「学年旅行の委員になって、初めて自分は学年全体に貢献できた」といった委員の感想を聞くと、学校行事を通して本校の精神に触れ、自分の学びとしている様子が分かり、うれしく思います。

機会があればご覧になると分かるでしょう。委員会活動に加え、これらパンフレットの制作や旅行文集を編集するのは、並大抵なことではないと思います。

運動会もそうですが、「そんなことに時間を割くより勉強をさせたらどうか」という声が聞こえないでもありません。

しかし、これも自学自習のひとつですし、いろいろな活動を通して縦横の人間関係に触れ、視野を広くするのはよいことだと思っています。

2万人の来校者でにぎわう文化祭

毎年9月、約2万人の来校者でにぎわう「開成祭」は、運動会と両翼を成す生徒主体の学校行事です。

何事にも準備が肝心という本校の教育方針の表れでしょうか、文化祭も生徒主体の一事業だということで、生徒たちは前年度の文化祭終了後、次年度に向けて高校1年生を中心に「文化祭準備委員会」（通称・文準）という委員会を設置し、やはり約1年かけて、文化祭の企画・運営にあたっています。

その傘下には、会計係や広報係、ステージ係などいくつもの係があり、中でも、「古本係」が開催している古本市は、本校文化祭の名物になっています。

毎年、本館と校舎を結ぶ2階通路で開催されている古本市には、文庫本や文学全集、参考書、洋書、マンガなど、生徒や近隣の方々から出品された書籍約1万冊が並び、1冊20円くらいから売られています。

来校者には本校の様子を見に来られる受験生のご家族も多く、先輩たちが使った参考書を興味深そうにパラパラめくる小学生の姿が印象的です。懐かしいレコードが1枚数十円で出品されていることもあり、思いがけない掘り出し物もありそうです。古本市の収益は5万円近く、これはユニセフに寄付しています。

また、場内を歩くと気づかれるかもしれませんが、本校の文化祭には、中学1年生は全クラスが、高校では1年5組と6組の新高生が、参加団体として何かしら発表をしています。このようなクラス単位の参加を、「ＨＲ（ホームルーム）参団」と呼びます。

そそそも参団とは、参加団体のことで、ＨＲ参団、部活参団、有志参団、実演参団、試合参団、演奏参団などがあり、それを集約しているのが、文準委員会の「参団係」。

文化祭中、グラウンドや剣道場で運動部の試合が行われていますが、これは試合参団のひとつで、招待試合をしていたのでした。

本校では、「研究したい」「創作したい」という希望者に対して、「ペン劔基金」という助成金を出しており、その成果を発表している参団もありますから、学内、学外の多くの方にぜひご覧になっていただきたいものです。

２００９年度の本校の部活動の一覧を見ると、運動部と学芸部を合わせて49部、そして14の同好会があります。同好会は生徒のその時々の提案によるものなので、毎年少なからず変わります。本校では、部活動や同好会の承認・管理も生徒会が管理しており、同好会からスタートして承認されると部に格上げになります。

それら部活動や同好会の部活参団や、有志参団が一挙にイベントを行うさまは、どれも甲乙つけがたく、若い感性の発露とメッセージをぞんぶんに感じながら、私も毎年、開成祭を楽しんでいます。

さて、本館ホールにはステージが組まれ、事前オーディションを勝ち抜いてきた有志バンド数組や、先生が組んでいるバンドの演奏を楽しむことができます。

本校の音楽部や管弦楽団の演奏会はなかなかのもので、私が毎年楽しみにしている催しのひとつです。

また、松山市青年会議所が主催している「俳句甲子園」を模した俳句試合も、見物です。これは、いわば俳句のチーム対抗戦で、兼題（句会の前にあらかじめ出しおく題）をもとにつくった句をお互い披露し、それをどう評価するかディベートするもの。審査員の先生方は俳人協会のプロですし、本校の生徒は過去に「俳句甲子園」で優勝や上位入賞を果たしていますので、見ごたえがあります。時には先生チームがやりこめられて負けることもあり、会場を沸かせています。


このような一大イベントの頂点に立つ歴代の文準委員長は、「開成と言えば運動会とよく言われるが、文化祭は開成の象徴にはなりえないのだろうか」といった懸念を抱きつつ、情熱を傾けます。私は、文化祭はふだんの勉強以外のことで、仲間が何を考え、どのような活動をしているかを知る、たいへんよい機会だと思っています。

しかも、自分たちでアイディアを出し、それを実行し、演出するために、工夫したり試行錯誤したりする。それが音楽の演奏であれ、部活動の発表であれ、これは一種の研究事業であると言ってもよいでしょう。

私も学生時代に、当時所属していた理化学部の一部員として、クレヨンを試験管で作るという素朴な化学実験を、見学者に一生懸命説明した経験があります。どうやれば分かりやすく伝わるか考えましたし、プレゼンテーションの練習にもなったと思います。

創意工夫した成果を人前で披露することにより、生徒たちは「研究」の実体験をすることができます。その達成感は大きな自信となり、創造性の根源にもなるものだと、私は信じています。

主体的に研究に取り組む

物事を改善、進歩させようというとき、そのプロセスでは、あらゆる人が「研究」を重ねます。研究とは、何も科学者や研究者だけの仕事ではないのです。考え続け、工夫していく力。それは「研究マインド」と言い替えてもよいでしょう。

この力を中高生のうちからつけておきたい、育てたい、という思いから、本校では2008年に「ペン剱基金研究助成」という、総予算500万円の研究助成制度をスタートさせました。基金はOBからの寄付金です。文部科学省が実施している「科学研究費」を、私学サイズに縮小したようなものだと言っていいかもしれません。

研究のテーマは何でもよく、生徒でも先生でも、個人でもグループでも、本校の関係者なら、誰でも自由に応募することができます。

申請の際には、研究内容・助成金の申請額とその内訳を明らかにするという条件があり、生徒の場合は窓口となる教員の登録も必要です。これらすべてを審査会ではかり、協議によって採択・不採択・一部採択が決まります。一部採択とは例えば、「研究テーマとしては助成の趣旨に合っているが、旅費や宿泊費といった経費が盛り込まれており、それは自己負担とすべきだ」と判断された場合にとられる措置です。

研究期間は1年間。成果は本校が発行している「研究論文集」に掲載するほか、学会誌で発表したり、学外の賞に応募するのも自由です。

第1回の公募には、教職員から9組、中高校生から8組の応募があり、うち14組が採用されました。

中でも、高校1年生の有志グループが行った『PCを利用した画像処理によるロボット制御に関する研究』は、２００８年第52回日本学生科学賞（主催・読売新聞社）の科学技術政策担当大臣賞を受賞したから驚きます。

「まず高校1年生で、ここまで自作した点が評価できます。専門的文献もしっかりと読み込み、それを開発に活かしただけでなく、添付資料も一覧で紹介してありました。この研究のオリジナリティは、Windows XPが動作するPCをロボット本体に載せたところにあります」と高く評価され、アメリカの国際学生科学技術フェア２００９へ派遣されるチャンスもあったのですが、ちょうど新型インフルエンザが流行した時期で、渡米を断念したことは残念でした。

ちなみに、この年、この研究に助成した金額は62万６０００円でした。

これまで応募された研究内容は、近世対外関係史の研究から映画撮影、たたら製鉄、高機能デジタルカメラによる剣道指導、音声による発電の研究、皆既日食の観察、絵画の旅など、ジャンルは多岐にわたっています。

採用の際には独創性が問われますが、ふだんから疑問に思っていて追究してみたかったこと、やりたかったけれど費用的に断念していたことなど、どんなに研究マインドを抱いていても、このような助成制度がなければ実現しないものはたくさんあるのではないでしょうか。そういう意味でも、この助成制度は意義深いものだと自負しています。

自由に、そして主体的に取り組む研究は、どんな努力も苦にならず楽しいものです。受験勉強には直結しないかもしれませんが、ほかのものでは得られないほどの、大きな喜びや達成感を手にするでしょう。それは自分への自信にもつながります。

さらに、グローバル化した現代においては、研究を実行する能力そのものに加えて、研究目的や研究成果を世の中に提案（propose）していく力も必要になります。提案するモチベーション（意欲）、提案に掛ける勇気、提案を実行するだけの実力、そして、時として挫折を「ばね」にする力。このように、現代において必要とされる様々なファクターが、研究マインドには含まれているのです。

人核教育

本校の卒業生たちの話を聞くと、実に多くの生徒たちが、運動会など学校行事に非常な情熱をかけて取り組み、また感動したこと、自由に過ごしたこと、そして、部活動や委員会活動で真の友人を得たことなど、人と人との交わりに感銘を受けたと語ります。

「開成は〝選択〟の学校だ。部活動、各種委員会、運動会など、ステージは豊富に用意されているが、学校はそれを決して強制しない。自らすべてを一から組み立て、作り上げる。本当の自由の空気の中で過ごした6年間だった」

「生徒も個性的だが、教員も個性的だ。このことは、これからいろいろな人と付き合い、いろいろな考え方や視点を得る上で、非常によい環境だったと思う」

といった卒業生の話は、ほとんどの生徒に共通した感想だと思います。

これは、本校の伝統的な校風であるとも言えますが、生徒であれ先生であれ、ひとりひとりが互いを認め合っているからこそ、勉強も学校行事も生徒会も、生徒たちに任せることができるのだと思います。

人格は「人核」と言い替えてよいくらいで、人としての核と核が結びついた形が、本当の人間関係ではないでしょうか。先生と生徒、あるいは生徒同士が、表面的な人間関係ではなく、奥深く、人としての核、言い替えれば芯《しん》で結ばれるような環境作りをする。

私はこれを「人核教育」と呼んでいます。

運動会や文化祭の企画・運営を生徒たちに任せることも、人核教育の一環です。

褌《ふんどし》ひとつになって裸の付き合いをする「水泳学校」も、ある意味、人としての核に近づいた姿です。

相手の「核」を重んじるという姿勢が身に付いていると、「あいつにはこういう能力があって、こういう性格だから、こんな局面に力を発揮してくれるはずだ。任せよう」と、信頼をベースにした協力関係ができ上がるのです。

このような人間関係は、点数重視、成績偏重での教育環境では、なかなか育《はぐく》まれないのではないでしょうか。級友や生徒の価値をテストの点数で測るような学校生活は、味気なくつまらないものです。

本校には、開成会という、ＯＢ団体があります。私も所属していますが、これが実に居心地のいい集まりを提供してくれる。10代の頃、核と核で出会った仲間や先輩後輩との交流は、生涯を通して私を支えてくれるのだなと、改めて感じます。

いつの時代でも、魂と魂の触れ合いは渇望されます。教育する側としても、このような環境作りの大切さを改めて認識させられます。

社会に対してサービス精神を

本校での学校教育に対して、保護者の方々からはもとより実社会からも、「こういう生徒を育ててほしい」という声が、よく寄せられます。その要望には3つあります。

1つ目は、「エリートを育ててほしい」という要望です。

私は、「エリートとは、物事を根源的に考えることができる人である」と、考えています。言葉を替えるとリーダー、その道の第一人者です。

生徒の中には「大企業のトップになる」ことを理想とする子もいますが、出世街道に乗る人が本当のエリートだとは思いません。

高い地位についても、役得を潔しとせず、あえて役損を求めるような人こそ真のエリートです。

２つ目に、「国際人を育ててほしい」というのもあります。

これには、「語学力を取り去っても、中身が国際的に一流である人を育てなければならない」と考えています。英語はできるけれど中身がない人は軽薄なコスモポリタンに過ぎず、決して国際人とは言えません。

３つ目の「創造性のある人を育ててほしい」という要望に対しては、「自学自習できる人を育てなければならない」と考えています。

何にでも主体的に取り組む姿勢は、必ず創造性につながるからです。

リーダーとは、自ら目標や手段を切り開き、先頭を走って行く人であり、すなわち、開拓精神と創造力が求められます。

また、物事を的確に分析し、課題を解決する能力が必要で、すなわち、深い専門性と大局観を持つことが求められます。

そのような素養のもととなるのが、確かな基礎学力と幅広い教養なのですが、これらを身に付けるためには、どうしても頭脳が柔軟な中学生・高校生の時代に、英語・数学・国語のような基本科目から、家庭科、体育に至るまで、あらゆる教科を徹底的に学習しておくことが必要です。

その基礎があってこそ、その後に学ぶことが生きてくるのです。

生徒の中には、要領よく点数をとってしまう子がいます。

そういう子は、実社会に出てからも要領よくやっていける可能性がありますが、果たしてその分野の第一人者になれるだろうか、と問われれば、私はその可能性は低いと考えます。

あとで述べますが、自分を高めていくためには、人から「期待」という形で、様々なニーズが寄せられて来ることが理想的です。

このとき、もし自分に足りない部分があれば、それを認めて補い、期待に応える。すると、しばらくしてもう一段高いニーズが来ます。そこで、また足りない部分は努力して補い、期待に応えていく。この連続によって、自分も高まっていくというわけです。

ですから、要領よく努力をしないで済まそうとする人は、その場をしのぐことはできても、自分を高めるチャンスを逃がしてしまう恐れがある、と思うのです。


一方、こういうことを言う人もいます。

「学校でいくら勉強しても、実社会では役に立たないではないか」と。

この、「どんなに学問をしても、実社会での成功は難しい」という意見については、私は、学問の高低ではなく、サービス（奉仕）精神があるかないかの問題、つまり、「期待以上のことをする」かしないかの問題ではないかと思っています。


「あなたから寄せられた期待に、おつりをつけて返しましょう」と、相手の期待に対してプラスαをつけて提供する、それがサービス精神です。

ですから、どんなに学問があっても、求められた最低限のことにだけしか応えない、言われていないからやらなくていい、という姿勢では、持続的に成功するのは難しいのではないかと思うのです。

学問はあるけれど社会に対してサービス精神がない人、象牙《ぞうげ》の塔にこもってしまうような人、世の中を馬鹿にする人は、おそらく成功しないだろうし、いくら勉強しても実社会では役に立たない。

反面、学問があり、かつ社会に対してサービス精神のある人は、必ず輝きます。

かつというところが大切で、学問だけでも、サービス精神だけでも、どちらか一方だけではダメなのです。

人は、自分に不足しているものを相手に頼み、期待するわけです。

今は滅私奉公という時代ではないので、サービス精神を発揮したからといって無償に甘んじる必要はなく、相手の期待以上の価値を提供すれば、正当な対価が得られる時代です。着実に実績を上げている企業の多くは、消費者の期待以上の価値を提供し続けているからこそ、そのような地位を得られているのではないでしょうか。

学校や家庭でサービス精神を養うとしたら、友達から、先輩から、あるいは先生から、何かを任される、頼まれる、そういう場面にこそチャンスはあります。

もし子どもたちが、「面倒くさいな」「自分ばかりに押し付けられて」などと、不満そうにしていたら、「自分のニーズはこういうところにあったんだ。世の中から期待されているんだ。どうせなら相手を喜ばせてあげよう」と、自分が社会とつながっていること、誰かに期待されていることを自覚させてやってください。

期待され、その期待に応えていくと、より多くの人が幸せになる――。

こうしてみると、社会に対するサービス精神とは、どこかで人類愛につながるもののようにも感じます。

そして、結局、そういう価値観を持つことのできる人こそが、真のエリートであり、リーダーになれるのだと私は考えています。

リーダーのタイプは3つ

リーダーとなる人のタイプには、大きく分けて3つあると思います。

私はずっと光学の研究をしていたので、ついそういう分野に当てはめて考えてしまうのですが、リーダーについては次のように、光源にたとえて生徒たちに話すことがあります。


1番目は太陽光線タイプです。

あまねく地球を照らして恵みをもたらし、人々に穏やかな安らぎを与える太陽光線。そんなふうにチームを穏やかに見守り、活力を与えるタイプのリーダーがいます。


2番目はレーザー光線タイプです。

非常に鋭く、鉄板をも通す強さを持つレーザー光線は、太陽光線の対極にあると言ってよいでしょう。

自ら局面を切り開き、「俺についてこい」とぐいぐい引っ張っていく。見るからに頼もしいタイプのリーダーです。

そして、3番目に、灯台のようなタイプのリーダーもいます。

みんなの指針になる。その人を目指して、みんな安心して進んでいける人。本人は自己主張せず、暗闇《くらやみ》の中でただ光っている。陰ながら「すごいなぁ」と言われるタイプです。どちらかというと孤高を保ち、おしきせがましくない。

ただし、そこにいないと、船舶や飛行機が安全に運航できない。こういうリーダーがいてもいいわけです。

この3つはいずれも立派なリーダー像であって、生徒たちがどのタイプになるかは、ひとりひとりの個性です。

理想を言えば、すべて兼ね備えていて、ＴＰＯによって使い分けることですが、自分の個性が色濃く出て、いずれかのタイプが極まったという者が出ても、もちろんいいのです。それぞれのタイプにコミュニケーション力が備われば、立派な指導者になるでしょう。

私自身は３つとも目指していました。どこまで行けたか分かりませんが、仕事に関してはレーザー光線タイプ、人に対しては太陽光線タイプを心がけ、個性としては灯台タイプが好きです。

こういう話を生徒にすると、「僕はどのタイプだろう？」と考えるようです。

リーダーのタイプは必ず３つのどれかにおさまりますから、漠然と「リーダーになれ」とはっぱをかけるより目標にしやすい。

目指すものがはっきりと見えると、取り組みやすくなり、安心するようです。

知・心・体の体積を伸ばす

本当のリーダー、その道の第一人者となるのは、基礎をしっかり固めた人です。なぜなら、自由に使えるくらい基礎力が十分身に付いていない人は、パイオニア的な仕事や世に先んじた研究を成しえないからです。

また、前人未踏の分野はそう簡単に評価されませんから、我慢強くやり続ける忍耐力や周囲に認めてもらう努力も必要です。

そういう未来のリーダーを育てるためにも、私はやはり、精神的に柔軟で、エネルギーにあふれた中学・高校という時期に、しっかり基礎教育を積み重ねることは大切だと思います。そして、そのような教育の根本となるのが「知・心・体」だと考えています。

「知」とは、知性です。

深く考え、洞察する。物事を論理的に考え、納得し、自分の言葉で表現できる能力を、日々の学習を通して養う。この積み重ねによって、パイオニア的な分野にも勇気を持って取り組める知力が備わります。

「心」は、精神です。

挑戦力、勇気、たくましさとともに、弱者を守るやさしさも必要です。あえて「徳」と言わないのは、「徳」にはその時代の価値基準が反映されるからです。個人に根付いた、時代も国も越えた普遍的な精神、それが「心」です。

そして「体」は、身体です。

中国の格言に「人生における最大の富は健康である」とあるように、どんなに知的能力に優れていても、健康でなければ思うように活躍できないでしょう。行動力や実践力がものをいう実社会では、最終的に体力で決まる場合も多いのではないでしょうか。

そういう意味では、本校の中学1年生の多くは、小学生時代を塾通いやＴＶゲームなどで過ごし、体を鍛えないまま入学してきます。そこで、本校では中学1年次には全員参加の「水泳学校」を実施しています。

これは、かつては水難事故を予防するため全員皆泳だった夏季の伝統行事で、一時中断していましたが、２００６年に復活しました。

生徒が1学年に３００人もいれば、体力、体格、学力、家庭環境にいろんな格差があります。しかし、人間、褌ひとつになってみれば、それほど変わらないということに気がつきます。

この褌というのがひとつのポイントで、本校の水泳学校では、伝統的に白い褌をしめることになっています。この現代において、褌をしめる経験など、ほかでは得られないのではないでしょうか。それを指導するのが水泳部のＯＢで、彼らは毎年ボランティアで、館《たて》山《やま》にある水泳学校専用宿舎、那古《なこ》宿舎に駆けつけてくれます。このＯＢによるボランティア指導も、本校の伝統です。

入学して間もない時期に、「裸になればみな同じ」という原体験をさせ、屈託ない人間関係をつくる。先輩との触れ合いによって伝統を肌で感じながら、自然の中でひたすら泳いで級友たちと一体感を味わう。余暇の時間には地引網や花火大会を楽しみ、思いっきり夏の解放感に浸る。この間、勉強は一切なし。
「水泳学校」は、体力増進のひとつにもなりますし、よい思い出づくりになっているようです。

イギリスの新聞『FINANCIAL TIMES』紙は、２００５年に私をインタビューした折、「知・心・体」について次のような小見出しをつけました。

Intelligence, spirit and body hold the same value at the school, and, when combined, they create personality
（学校教育において、知・心・体は、そのいずれにも同様の価値がある。この３つが合わさったとき、ひとつの個性が作り上げられる）

「知・心・体」の３つはバラバラな存在ではなく、どれが欠けてもダメ。同等の価値があるのです。

数学の三次元の座標軸、Ｘ、Ｙ、Ｚに、「知・心・体」を当てはめてみてください。この３つの軸が伸びると、そこに体積が出てきます。この体積が大事なのです。生徒の個性に応じて軸のひとつが突出することもありますが、ほかの２つの軸も伸びないことには、体積はいつまでも小さいまま。人間としての器は、この体積に比例するのではないでしょうか。

体積が大きな生徒を育てたい、と思っています。

自己発展のサイクル

能力に恵まれている生徒は、「何のために勉強するのか分からない」とよく言います。ちょっと勉強しただけでできてしまう。世の中が充足されているとさらに顕著で、「何のために勉強するのか分からない」「生きがいがない」と作文に書く生徒もいます。

しかし、これはある意味、純粋な精神を持っている証拠だと思うのです。

自分がよい点をとったために泣く子がいる。「人に悲しい思いをさせてまで、自分は勉強するのか」「人を押しのけてまで、勉強する必要があるのか」と悩む。

能力的にも経済的にも恵まれて何不自由ないと、子どもでもそういう気持ちになるものです。

ところが、世の中の景気が悪くなると、そういう疑問が少なくなりました。何のために勉強するのか、目的意識がはっきりしたのでしょう。本校では中学と高校の入学時に、それぞれ将来の希望について作文を書かせていますが、２００９年４月の作文から〝なりたい職業〟を拾い出し、統計をとってみたところ、興味深いことが分かりました。

まず、中学1年生でいちばん多かったのは、科学者や研究者、エンジニアといった理科系職でした。1学年３００人中、65人がこの種の職業を挙げています。

次に多かったのが医師で、63人。続いて弁護士や検事といった法律家が24人。この順位はだいたい例年通りで、本校の〝なりたい職業御三家〟です。

ほかにも政治家や公務員、宇宙飛行士などありましたが、「時代を反映しているな」と感じたのが、「正社員」を希望の職種に挙げる生徒がいたことです。

正社員とは、昔でいうとサラリーマンでしょう。中には形容詞が付いて、「派遣ではなくて正社員」と書いている生徒もいました。「正社員は立派な職業である。派遣とは違う」ということなのでしょう。時代だなと思いました。

高校1年生についても調べてみましたが、順位は中学生とほとんど変わりませんでした。ただし、生徒の半分は、将来の職業は「未定」ないし、「そのうち考える」です。

これは当然の結果で、高校生ともなると、そう簡単に自分の将来像を人には明かせないという、年齢的な照れがあるのでしょう。

理科系志向の生徒が多いのは、堅実だと思います。

というのは、きちんと勉強するとロジカルな考え方が身に付き、ロジカルな考え方は理科系にぴったりくるものだからです。

もちろん、文科系の職業である会計職や財務職にも数学の知識は欠かせませんし、量の概念なくして質だけで物事は動きません。文科系にもロジカルな考え方はとても役立つので、文科系に進むからといって、理科系の勉強を切り捨てるのは得策でないのです。

実際、今の世の中、科学技術が理解できなくては政治や経済のリーダーはとても務まりません。科学マインドは法律家にも必要でしょう。

こうしてみると、世の中の景気がどうであれ、理科系であれ文科系であれ、まずは自分を高めることが重要だと思います。

自分を高めれば光り輝き、世の中から期待されます。その期待に手を抜かずに応えていくと、次にもう一段高いレベルの期待が来る。この繰り返しが「自己発展のサイクル」です。

このサイクルに入れば、人は自然と向上します。世の中で輝いている人は、そうやって現在の位置にたどり着いた人たちです。

ですから、子どもたちには「自己発展のサイクル」に入ることだけを意識させればよいわけで、あまり難しく考える必要はありません。

鍛えよ。そして期待に応えよ

自分を高めて期待に応えていると「自己発展のサイクル」に入る、という話の続きになりますが、世の中の期待に対して、優等生は意外と尻《しり》込みするものです。

いざ人から期待されると、「自分はいい」と遠慮したり、「そんな俗っぽいことはやりたくない」と斜に構えたり。

要領がよく、何でも小手先で済ますことができるので、そこで自己満足してしまう。加えて、「なかなか意欲が出ない」という傾向もあります。

さらに上を目指そうという欲に欠ける。中学・高校のうちなら、「やりたくない」と避けて通ることもできるでしょうが、世の中に出ればそうも言っていられません。

期待とは、人からの、自分に対するニーズです。

自分は人からどんな期待をされているのか。自分に対するニーズは何か。人から期待されると、それが分かります。「ああ、私にはそういうニーズがあるのか。では、これまで自分が高めてきた、この能力を使おう」「私にはここが足りないかもしれない。もっと努力しよう」と、自分を高めるチャンスにもなります。

そうやっていると、また違うニーズが来ますし、誰かに「頼られている」という感覚は、「生きがい」にもつながります。

部活動や委員会活動は、「自分はこんなに頼りにされているんだ」という感覚を得るよい機会でしょう。


ただし、人から期待される、頼られるためには、まず頼りにされるものを備えていなければなりません。これは自分の責任です。

野球の投手が技術を磨き、速い球を投げられるようになれば、「これはすごい」とチームからもまわりからも期待される。その期待に応え続けるため、投手はコントロールをさらによくしたり、時には抜本的にフォームを変えてみたりするでしょう。これは自分でできる話です。

高い山が多くの人に見えるがごとく、自分を高めている人には期待が集まります。期待に応えれば相手も喜ぶし、自分もやる気になる。それが「生きがい」につながっていきます。

「何のために勉強するのか」「生きがいがない」という生徒には、それなら「まず自らを鍛えよ。そして、期待が来たら、手を抜かずに応えよ」と。

これが、生きがいの最も基本的なスタイルです。

第三章

開花を待つ時間

効率的な勉強方法とは

学校教育の本質とは何でしょうか。よい成績をとらせ、よい学校へ進学させることでしょうか。

これが経済活動の本質ならどうでしょうか。パソコン上で数値を見て、売買取引するだけが経済活動ではありませんよね。どうやって利益を出したか、その利益は何に使うべきものか、誰かから搾取していないか、そういうフィードバックをきちんとすることが、経済活動においては本質ではないかと思います。

学校教育も同じで、きちんとフィードバックをせず、ただ「がんばれ、がんばれ」と勉強させても摩擦力が大きくなるだけ。学問が身に付かないばかりか、精神的に大火傷《おおやけど》を負わせてしまうこともあります。

物理学の「エネルギー保存の法則」を引き合いに出せば、個人の能力、体力、時間、経済力には限りがあります。エネルギーを放出すれば、そのぶん、内部エネルギーは減少する。内部エネルギー量は永久に同じではないのです。

限られたエネルギーをどう使うかが大事です。だからこそ、生徒たちには、「効率よく勉強しよう」と言うのです。

ただし、効率のよい勉強方法とは、「明日のテストのために暗記しよう」といった、中身を理解もしないで丸覚えすることとはまったく違います。

また、「受験のために時間のかかる勉強はしない」「受験に出ない科目は勉強しない」というのも、入学試験までのプロセスということでは効率がよいかもしれませんが、結果としては非効率的です。なぜなら、せっかく時間をかけたのに、うわべだけさらって本質にたどり着かなかった勉強ほど、社会で役に立たないものはないからです。

「テスト前なのに、じっくり考え込んでしまった。しかも分からなかった」と、疑問を残したままでよいのです。それでテストの成績は悪かったとしても、問題の本質に向き合った経験は、社会に出る準備になります。

学校教育の本質もここにあります。生徒たちに、社会に出る準備をさせるところにあるのです。

「自学自習」のところにも書きましたが、こういう勉強方法は一見、要領が悪いやり方かもしれません。しかし、本質を見抜く力がついてくれば、次第に素早くベストの答えに到達できるようになります。

こうだろうか、ああだろうかと、プラスマイナスの振れ幅が大きいと、人にせよ組織にせよ消耗して疲れてしまいます。しかし、速やかに問題の本質に接近することができれば、上下に大きく振れることがありません。これが賢さです。

社会に出ると、この賢さがものをいいます。それには、基本的な勉強方法をずっと続けていくこと。平凡の連続が、結果的には、最も効率がよいのです。

物事は本質から離れると、不自然なものになります。どこかに無理が出て、いくら努力してもやがて崩れてしまう。努力が無になります。

本質とは、道理と言ってもよいでしょう。正確で、科学的な裏付けがあって、合理的な側面もあり、普遍性がある。「自然な状態」「あるべき姿」です。

本校が「本質志向」を掲げる理由もそこにあります。本質は崩れないからです。

「納得させる」お説教を

どこの学校にも似たようなケースがあると思いますが、本校にもこんな事件がありました。放課後に、サイコロを振って遊んでいる生徒たちがいたのです。お金を賭《か》けていたりすると厳罰で、好ましくない行為です。

数名の生徒がやっているという報告があり、私が注意をすることになりました。校長訓戒というのがありまして、生徒の様子を見ながら、「これはやっちゃいけないよ」「反省して」というような指導をするのです。

私は生徒たちを呼んで、こう言いました。

「君たち、もう一度やってみなさい。ひとりでサイコロを振って、勝ち負けのデータとってみなさい」

宿題にしたのです。

呼び出された生徒たちはもちろん、先生の中にも、「サイコロは6目ある。6分の1の確率で勝ち負けが決まるから、長時間やれば平均化して、最後はみんな同じ程度の勝敗になるだろう」と思っていた人が多かったようです。

仮に6人の生徒が600回、サイコロを振ったとして、6分の1の確率だから、それぞれ100回近く勝つだろうと。そう思っていたわけです。

ところが実際に振ってデータをとってみたら、ある生徒は120回くらい勝ち目が出て、ある生徒は60回くらいしか出なかった。みんな驚いていました。

運動会の100m走で、ひとりずつ走るときの差はせいぜい5〜10mくらいですが、学年リレーになると徐々に差が開いて、最後には1周ぶんくらいの差になることがあります。あの感覚と同じです。

絶対的に強い巨人軍と本校の野球部が試合をしたとして、本校はまず負けるでしょう。1試合だけなら勝敗の差は1回ですが、100試合やれば大差になります。極論すればそういうような感覚です。

差は平方根で広がるのです。「平均値からのずれは、試行回数の平方根に比例する」というのは、教科書にも載っている数学の理論で、統計ではバラつき、分散と言い、σ（シグマ）で表します。

校長訓戒の代わりに宿題にしたら、生徒たちはパソコンできれいな色付きのデータを作成して、提出してきました。中には勝敗の差が少ない結果になったものもありましたが、たいていバラついていました。

この差を見て彼らは驚いていました。「平均化するのではなく、やればやるほど差が広がるのだ」と、実感したからです。１２０回勝ったのは偶然でしかありません。だから、賭けごとをやる人は、だんだん深みにはまるわけです。

このとき、私は、「学校で好ましくないことをやるな」と頭ごなしに叱《しか》るよりも、「賭けごとをやると必ず損をするよ」「運に頼るというのは、本当に愚かしいんだよ」と、教えたかったのです。

「偶然に頼ることが、いかに愚かであるか。そんな不確かなことにエネルギーや時間を使って、結局損をするより、もっと再現性のあることを勉強して、自分のベースにしなさいよ」と。

単に精神論だけで「やってはいけない」と頭ごなしに叱っても、本人が納得しない限り、愚かしい行為はやめられないんです。しかし、自分で納得すれば二度とやらない可能性が高くなります。

同じお説教でも、「納得させる」ことこそ教育の根本です。

エネルギーは成長のために使う

行為の愚かしさを理論的に伝えると、客観性が出るから納得させやすい、という例がほかにもあります。

本校の校内には近隣との兼ね合いから、ボール投げなどを禁じている一画があります。その禁止区域で、バッティングをして遊んでいる生徒がいました。バットでソフトボールを打っていたのですが、ボールがフェンスを飛び越えて、敷地の外へ行ってしまった。そして、フェンスの向こうに駐車していた車のボンネットに当たり、へこませてしまったのです。

そのときも校長訓戒になりました。

このときは、「どうしてボールはフェンスを越えて飛んでいったのか。バットのどこに当たると、フェンスを越える角度になるのか。ボールの当たり方を分析してきなさい」という宿題を出しました。これは物理の放物運動の問題なんですね。生徒はレポートを提出してきました。

そんなふうに理論的に考えさせたいと思っています。

これが、たとえば「嘘《うそ》をつく」「人を騙《だま》す」「人のせいする」「言い負かす」といった、物理的でない、好ましくない行為に対しては、どう対処すればよいでしょうか。

嘘をついたり、人を騙したり、言い負かすためには、たいへんな能力が必要です。言葉づかいひとつにしても、相当な勉強が必要になるでしょう。

しかし、それで得るものは何もありません。騙したり、言い負かすことに成功して、一時は「相手を征服できて楽しい」という気分になるかもしれませんが、それが自分の成長につながっているかというと、まったくつながらない。むしろ大きなしっぺ返しが来るのです。

相手のせいにすることにエネルギーを費やしたぶん、自分自身の成長にかけるエネルギーは少なくなります。すると、その間に自分の成長にエネルギーを注いでいた人が伸びてきて、みんなの注目を集めるようになる。

結果、自分のみじめさが際立ち、そこから嫉妬《しっと》心が生まれて、さらに攻撃するようになるとか。エネルギーの無駄づかいの繰り返しです。


このように、物理的でない行為に対しても、「エネルギー保存の法則」のたとえは通用すると思います。

自分の内部エネルギーは限られている、それを成長につながらないことに浪費していたら、大きな損失になる。なぜ、言い負かそうとしたり、欺こうとしたり、人のせいにするのか。それはつまり、自分が相手と同じくらいのレベルにいるからだ。

そんなことにエネルギーを使ってしまうより、いっそ自分を成長させて、自分が相手より上に突き抜けてしまうことを考えてごらん、と。


中学の卒業式でよく話すのですが、中学時代に何を身に付けておけばよいかというと、

「何事も人のせいにしない自分になったかどうか」だけです。

人のせいにしない体質になった生徒は、必ず伸びます。体質というのは、自分の血肉になっているということ。道具を使える人と、「こういう道具がありますよ」と教えられて初めて知る人とでは、スタート時点ですでに差がついているでしょう。

「言われて知る」というのと、「すでに自分の身に付いている」というのでは、ものすごく差がある。体質にしておくことが大切です。

マイナスはプラスになる

生徒の中には、失敗して、くしゃっとしぼんでしまう子がいます。

友人を困らせた、好ましくない行為をした、遊んでしまってテストの点が悪かったなど、失敗した、結果として自分のマイナスになったと感じるときですね。

こういうときは、たいてい本人も「まずい」と思って反省しているもので、スポーツで言うと、フォームが崩れたりして「これではまずいな」と思うと、元に戻すために試行錯誤をしますが、それと同じようなことをやります。

それをまわりで、「ああでもない、こうでもない」と騒いでしまうと、自分で立ち上がる力が育たない。反省し、試行錯誤している間は、じっと待つに限ります。

また、くしゃっとなっている子に、「失敗は成功のもと」と励ますのはよいのですが、これは決して、「失敗しても大丈夫だよ、成功が保証されたようなものだから」と言っているわけではありません。

「失敗」というマイナス（－）行為をしたら、「反省」という、一見マイナス（－）の行為と掛け合わせてごらん。すると、プラス（＋）に転じるから、と諭すべきなのです。

どんなに失敗しても、そこで反省したり学びとったりしていけば、やがて大きなプラスになる。何回もマイナス行為をした、何度やっても失敗した。それが反省や学びという行為を掛けた瞬間、大きなプラスに変わる。

すると、安穏として何もしてこなかった人間より、よい結果が出るかもしれない。

失敗したままで終わらせないことです。

これを学校教育の中でどうやるかというと、やはり長い目で見る「積分型指導」でいかないとダメでしょう。

本校では、中学1年生から高校3年生までの6年間、生徒のクラス替えはしますが、クラス担任の先生は持ち上がりです。クラス担任の先生を「組主任」と言いまして、基本的に、組主任となった先生は、ほとんどがそのまま6年間持ち上がります。

1学年の生徒数は、中学の入学時で300人。彼らを3年間、7人の組主任が見ます。そして高校になると、400人8組になるので、組主任も1人増えて8人となります。持ち上がり制の組担任は、マイナス面がまったくないわけではありませんが、長い目で継続的に生徒の様子を見る「積分型指導」が可能になる、というメリットがあります。

「禍《わざわい》を転じて福となす」という諺《ことわざ》があります。

マイナス同士を掛けてプラスにする（－）×（－）＝（＋）という力を、生徒たちもぜひ身に付けてほしいと思います。

教育を工学的に考えると

教育とは、あたかも解のない方程式を解くようなもの。

しかし、複雑な問題を単純化して考えてみることも人の知恵です。

私は、本校に就任する際、「教育とは、生徒をある目標状態にするために、学習させる行為である」と仮に定義して、工学の視点から中学・高校の学校教育について考えてみたことがあります。


工学では、機械の動きを目標値に近づける際、センサーで正確な現在値を計測し、目標値との差を検出して、その差に応じて機械を動かす動力を調節します。

聞きなれない言葉かもしれませんが、これを「フィードバック・コントロール」と言います。

自動車の開発過程にたとえれば、「スピードを確保しながら、乗り心地もよくする」という開発目標に対して、「スピードを出すことはできるけれど、揺れて乗り心地が悪い車になっている」という過程にあったとします。

このような場合に開発者は、センサーで正確な現在値を測定し、目標値との差（隔差）を見て、その差の大きさに応じて揺れないように調整します。

こういう工学的な考え方は、学校教育においても同じではないかと思うのです。

勉強が遅れている生徒、何か問題がある生徒、あるいは、より高いところを目指している生徒に対して、先生は、「生徒の達成度や実力（現在値）」と「到達させたい地点（目標値）」を比較して、何か手を打つはずです。

これが、工学においては「調整（フィードバック）」、教育においては「指導」です。

工学では、「調整」を実行する際、３種類の異なる手法が用いられます。

第1の手法は「比例制御」といって、隔差の瞬時値（その瞬間の値）に正比例した調節を施す方法。
第2の手法が、「微分制御」という、隔差の変化の速さに応じて調節する方法。
そして、第3の「積分制御」という手法では、隔差の瞬時値やその変化の速さではなく、ある一定の期間にわたるデータを平均した値をもとに調整を施します。

工学においては、この3つの手法を巧みに組み合わせることによって、初めて機械に確実性や安定性がもたらされ、本来の目標通りに動かせるようになるのです。

つまり、この3つの調整法をいかにうまく按分《あんぶん》し、組み合わせるかが大切で、それに長《た》けた者が、優れた機械設計者や機械運転者となります。

このような考え方は教育においても比喩が利き、すぐれた指導者とは、生徒ひとりひとりの状態を見て、指導方法をうまく按分できる先生です。

それぞれの指導方法の特徴については、あとの項でお話ししたいと思います。

比例型、微分型、積分型で指導を

工学における３つの調整方法は、そのまま学校教育における指導にも当てはまります。生徒の成績をグラフに表したとしましょう。

横軸が時間、縦軸が現在値です。

このグラフにテストの点を記録していった場合、生徒が目標値を超えた点数をとれば問題はありません。

困るのは、現在値が目標値に達していない場合です。

そこで現在値と目標値の差を見て、すぐに対応する。この「差を見てすぐに対応」する方法が、「比例型指導」です。

目標値は95点、しかし、実際にとった点数は60点だった。差が35点もある。この35点を埋めるにはどうすればいいか、と速やかに対応する指導です。

多くの先生は、この「比例型指導」をとるようです。

「生活態度がよくないんじゃないか」「手を抜いているんじゃないか」など、指摘が直接的で指導目標も分かりやすいため、生徒本人はもちろん、親の納得も得やすい指導方法だと言えるでしょう。


しかし、実際には、生徒は山あり谷ありの成績をとるものです。

先の例の生徒が、次のテストで65点をとったとします。60点から5点上がりましたから、そのぶん、グラフの折れ線にはスロープができます。

このスロープ、傾きを、数学では「微分」と言います。

社会経済でも、少しでも景気が上向きになると好景気だ、下向きになると景気が悪いと言う。上向きか下向きか、傾向で見ますね。この「傾向を見る」という考え方が、「微分型指導」です。

成績が上向きのときは、「この子は伸びています。いいじゃないですか、安心して」。すると、現状があまり芳しくない生徒には希望が与えられ、現状はよいけれど将来に不安が発生しそうな生徒には予防措置がとれます。

しかし、逆に成績のよかった生徒が悪い点数をとると、「下がっている。この調子でいくと落第だ」となる可能性もある。これが「微分型指導」です。傾向とか傾きを見て指導する方法です。

そして、意図的に、現在値も傾きも見ないというのが、「積分型指導」です。

数学では、「比例」「微分」「積分」の3つが基本です。量子力学の方程式、ニュートン力《りき》学の方程式なども、この3つの方程式のどれかに当てはまります。

その中で「積分」というのは、プラスの値もマイナスの値も何でも足していく、という考え方。教育においても同じです。

テストの点数などいちいち気にしない。今は試行錯誤している時期かもしれないし、このまま成績が安定していく時期かもしれない。とにかく1年間、もう少し長い目で2年とか3年単位で見て、うるさく言わない。

「長い目で見ましょう」と考える、これが「積分型指導」です。

積分型指導は、「子どもというのは変動する。それをいちいち過敏に指摘していたら子どもをダメにする」という考え方にも通じます。

成績のほかにもよくあるでしょう、一時的に素行が悪くなったけれどまた何かに熱中するようになったとか。「子どもはそうやって育つものだよ」と、と考える。そういう見方は「積分型指導」といえます。

プラスの値もマイナスの値も足しながら様子を見る。「積」は「和」と言ってもいいでしょう。

この3つの方法で生徒を上手に指導するためには、先生の力量が必要です。「比例型指導」の場合は、何よりも先生が、スピーディに対応することが大前提です。しかし、同じ事を生徒にも要求しますので、先生も生徒も親も目先の対応に追われてしまい、長期的な配慮が不足することがあります。

「微分型指導」では、教師や親が生徒の将来を見抜く洞察力が大前提となり、それが的を射ていないと、逆に生徒の将来をスポイルしてしまう恐れがあります。

「いつも100点をとるのに今回は90点だった」というだけで、「この子はダメな傾向にある！」と判断してしまうケースです。

「積分型指導」においては、対応が遅くなり過ぎて、問題がある子どもの傷を深くする恐れもあります。また、見守り期間が長いこと、効果の現れ方に即効性を求めていないことから、親をはじめ、まわりの理解が得難いという面もあります。

さらに、生徒の様子をどのくらいの期間見守り、いつどんな指導をすればよいか見極めるには、先生の経験がものをいいます。

どの指導方法にも甲乙があるので、学校教育においては、この3つのタイプを、アクセントをつけながら組み合わせて行う必要があります。

理想的には、「現状をしっかり見据え（比例型）、将来を先取りし（微分型）、長期的な視点で懐を深くして（積分型）」指導することでしょう。

本校における教育も、このようでありたいものです。

子どもの「地質調査」を見守る

子どもが部活動でスポーツなどやっていると、基礎をすごく練習したのに、「あいつにはかなわない」とうなだれる時期があります。はたから見ているとかわいそうなのですが、これは「本人が自分の個性、資質を発見した瞬間だ」という見方もできます。

子どもは今、自分に合った資質を見つけるためのプロセスにいるんだ、と考えてみてはいかがでしょうか。

中学・高校時代は、「地質調査」をしているようなもの。ダイヤモンドはどこにあるだろうか。ここではない、あそこでもないと、調査をしている。

ダイヤモンドとは、自分の個性や資質です。それを見つけている時期ですから、ひとつのことをずっとやり続けないからといって、嘆くことはありません。

しかも、たとえ何か見つけたとしても、その鉱石は、友達や親、先生から見たら、ただの石ころかもしれません。

どんなふうに輝くかは、そのときは、誰にも分からないのです。


中学生くらいの子どもなら、個性や持ち味はあっても、まだ原石です。原石とは、あらゆる可能性を秘めています。

本校では、これを高校卒業までの６年間をかけて磨いていきます。

そのためにも、理想を言えば、小学生の間は自由奔放に外を駆け回って、原石を作っておいてほしいと思っています。あるがままに過ごす時間の中でこそ原石がつくられるのですから。


小学６年生の１学期半ばまでを愛媛県の松山で過ごした私などは、学校から帰れば海に飛び込むか、工作に没頭するかどちらかで、勉強などしませんでした。親もうるさく言いませんでした。

家には、工場を任されていた父親の仕事柄、工具がたくさんありました。それを使って船を作ったり、風向計を作ったり。

風向計は屋根に取り付けて、毎朝気象観測して、グラフ用紙に記録していました。それを学校へ持って行くと、先生が教室に展示してくれたりしました。宿題ではありませんが、勝手にそんなことをしていました。地図を書きまくったこともあります。

ほかの遊びと同じように、自然にやっていたことなんです。

今思えば、そういうことが私の原石作りになっていたのかもしれません。

しかし、空き地や野山が近所になくなり、自然の中で自由に過ごす時間を持てなくなった現代、小学生のうちに原石を作っておくことは難しくなりました。原石作りは中学時代に持ち越されています。

自分を輝かせるダイヤモンド（資質）があると思っていたけれど、ここにはないようだ。そういうときに、「もうダメだ」と挫折で終わらせるか、「別の場所にあるかもしれない」

と、自分を信じることができるか。

ここがダメなら場所を移してみる。ほかにエネルギーを向けるわけです。移動した先で手ごたえを感じれば、それこそ本人がジャンプする条件が整った証拠。磨きをかけ、輝かせていけばよいでしょう。

原石を手にした子どもは、たとえ一時的に挫折しても、克服できる力があるものです。

ただ、地質調査をしていくにしても、本人に関心やモチベーションがないと息切れをします。ここがダメならあそこと場所を移すには、エネルギーが必要なのです。

something new より something good

アメリカ合衆国という一国で起きた住宅ローンの破綻《はたん》が、あっという間に天文学的に拡大し、世界的な金融危機をもたらしたサブプライムローン問題。

本校と協力関係にあるアメリカンスクールでは、リーマンショック以後、生徒がかなり減少したと聞いています。日本から撤退する海外企業が増え、親の仕事の関係で帰国を余儀なくされたり、日本への赴任が少なくなった関係だそうです。

その一方で、海外の有力大学から本校に対して、生徒受け入れのアプローチもあります。東京大学が、国際的な評価を高めるために、アジア諸国の優秀な学生の獲得を目指すといった動きもあります。

研究の世界では、インターネット普及のおかげで、地球上のどこかでひとりの研究者が発明したり発見したりしたことが、たちまち世界中に発信され、人々の知るところとなりました。その研究成果に商品価値があれば、どこかの国の企業がいち早く契約を結び、製品化して売り出しもするでしょう。

つまり、グローバル時代というのは、政治・経済・衛生・科学技術・教育など、あらゆる分野で世界が有機的に結びつき、世界の一部で起きたことが瞬時にして地球全体に影響をもたらす、そういう時代なのです。

人ひとりのパフォーマンスが68億人倍に増幅され、地球全体に広まる。実力と意欲のある者にとっては、このような環境は非常にやりがいのある時代かもしれません。

自分に光るものがあれば、独立した個人として全世界にアピールすることができる。同時に、個人といえども国際競争にさらされ、厳しい評価を受ける。グローバル時代には、そういう側面もあります。

本当に力のある者が高い評価を得て、広い活躍の場を得るので、結果として個人格差が生じると思われますが、これは能力や資質が正当に評価された結果であり、よい意味での格差として受け止めるべきものです。

ただ、このようなグローバル時代にあっても、これから世の中に羽ばたいていく中学・高校生たちには、日本人ならではの繊細な感情や、和を尊ぶ穏やかな精神は大事にしてほしいと思います。

あらゆる面で差をつける格差社会、個人主義の社会は、「差に価値をおく社会」と言い替えてもよいくらいで、和の精神の対極にあるものです。

「差」、つまり「これまでとは違う」ものは、「新しいもの」「変化」ととらえることもできます。英語にすれば〝something new〟(何か新しいこと)でしょう。

このような〝something new〟に、産業界やマスコミは敏感で、注目し、歓迎し、もてはやします。しかし、教育は〝something good〟(何かいいこと)がよいのです。

先見性を持つ、本質を重んじるといった、何かよいことを営々とやっていくのが教育ではないでしょうか。これは一見平凡なことを言っているようですが、教育の真髄だと思います。

本校の初代校長高橋是清《これきよ》先生は、就任当時、「学問の目的とは、自分自身に備わっている固有の能力を進歩させることであり、小さいところで言えば、社会の利益を興そうとすることにある」と講話されました。

これは、ソクラテスの時代から変わっていない教育の基本的な理念、〝something good〟です。この永久に変わらない理念をどういう形で実行するか、それが学校教育においては重要だと考えています。

語学の壁を取り除いておく

私は、「英語が話せるようになりたければ、若いときに仕事で海外へ行きなさい」という考えです。単なる語学留学が得策だとは思いません。

国際人を育てるなら中身を教育することが重要で、英語を話せるだけのone of themになっても仕方がないからです。

本校にもネイティブ・スピーカーの先生による授業はありますが、理想を言えば、1クラスに2人くらい、外国語を話す生徒がいるといい。日常的に語学留学に近い経験ができるからです。

本校の校長に就任する前、私は大学で卒論生や院生を指導していましたが、研究室では常に数人のネイティブ・スピーカーを受け入れていました。すると、相乗効果で日本人学生のＴＯＥＩＣがどんどん上がっていった。「私の研究室にいれば留学したのも同じだろう」と、冗談で言っていました。

仕事で英語圏につかるか、友人にネイティブ・スピーカーを持つか。語学の壁を取り除くにはこのふたつしかないと思っていましたが、やはり中学・高校でやるのは現状として難しいものがあります。


そこで、２００８年度からスタートさせた試みが、「英語学校」（Kaisei English School）です。

これは、中学2年生の希望者50人が、同世代のアメリカンスクールの男子生徒25人と行動を共にする行事です。

現在のところ、春休みに2泊3日で、福島県にあるブリティッシュヒルズという、英国風キャンパスを利用して合宿しています。

生徒たちは、往路のバスに乗った瞬間から、日本語禁止の英語漬けになります。生徒2人とアメリカンスクールの生徒1人がひとつのグループとなり、滞在中も同室に宿泊。身をもって英語圏の日常的なマナーを体験するほか、スポーツに興じたり、理科実験にチャレンジしたり、英国のお菓子作り、スヌーカー（ビリヤードの一種）といったプログラムを共にしながら英語でのコミュニケーションを試みます。

英語学校は、ふだんの学習環境とは違った英語だけの世界で、楽しみながらもより高密度で、より集中的に英会話を学ぶことを目的としていますが、まだ試行錯誤中です。しかし、今後、生徒たちが海外の大学を受験する可能性を視野に入れた場合、語学の点でひるまないようにという思いがあります。

なにしろグローバル化の時代です。できれば中学・高校生のうちに、語学に対する恐れを取り除いておきたいのです。

わずか2泊3日で解決できる問題ではありませんが、彼らに一度でも体験するチャンスを提供できれば、と思います。それ以降は、体験したときに感じた課題を自分の中で増幅させて、努力していけばいいのですから。

「言いたいことをうまく話せなかったけれど、楽しかった。もう少し会話力を鍛えよう」という感想があった、という話を聞くと、目的は果たせたなと思います。体験は指針になるのです。

開花の時期を待つ

人の資質には、先天的なもの、後天的なもの、いろいろありますが、生徒たちを見ていると、試行錯誤中とはいえ、やはり高校の後半には7割くらい決まるのではないかと思います。体格も、やはり、そのくらいの時期に固定してきます。自分自身を振り返っても、だいたい高校生の頃の体格を、それ以降維持しているのではないでしょうか。体格と同じように、この頃の好みは持続して、以降、それほど変わりません。価値観はまだあいまいかもしれませんが、それでも高校の後半くらいになると、だいたいの傾向は決まります。

どんな生徒にも可能性があります。開花が早いか遅いかという時期の違いはありますが、最終的に本人の資質が十分に発揮できれば、その子の人生は幸せです。学校においても家庭においても、教育の最終目的はそこにあると言ってもいいのではないでしょうか。

中学、高校、大学といった学生時代は、まさに大いなる試行錯誤の時期です。そのとき、彼らは自分の可能性を探っています。先生や親はいろいろアドバイスをしますが、試行錯誤をするのは生徒本人であり、彼らはそこから生きた知識を得ています。これが社会人で、絶えず試行錯誤して仕事が先に進まないようでは周囲も迷惑ですが、学生なら社会に迷惑をかけるわけでもない。試行錯誤の時間は、学生だけに許された特権です。

しかし、親となるとこれがなかなか待てないのです。「うちの子はどうなるか」と、心配になり、「早く何とかしなくては」と焦る。

本校の卒業生が、ある講演会で、「自分を信じ、いつも温かく大きく包んでくれるような親がいちばんよいです」と語ったことがあります。これは生徒たちに共通する本音ではないでしょうか。

子どもには波があり、変動するものです。中には一本調子でいく子もいますが、それでもやはり多くは変動する。彼らはそれをいちいち、とやかく言われたくない。

変動の波があっても、自分であることには変わりがない。だから、自分を信じて、温かく受け止めてほしい、長い目で見てほしいと、家庭に望んでいるのですね。

私は、卒業生の話を聞いて、これはつまり、積分型指導の家庭版を望んでいるのだな、と感じました。

学校と家庭は両輪で、それぞれ役割があります。

学校教育がうまくいくのも、まず、子ども自身に基本的なエネルギー、地下水脈があってこそ。地下水脈は生命力を育み、向上心や思いやり、挑戦心、忍耐心、使命感といった、あらゆる望ましい精神を生み出す源泉です。

このエネルギーを育む環境という意味では、こと子どもに関しては、家庭環境は絶対的な影響を与えるでしょう。安心して眠らせ、ぬくもりのある食事を用意する。それは基本中の基本です。

時には叱ることも必要ですし、過保護はいけません。しかし、子どもの人格を認め、求め過ぎない愛情は、与えても与え過ぎることがないのです。

愛情をたくさん受けて育った子どもは、大人になると、今度はそれをもっと大きな形、人類愛や社会貢献などに還元していきます。子どもたちにとって家庭が、安心した気持ちで、心身の基本を熟成することに専念できる場であってほしいものです。

第四章

学校と家庭

家庭は大人社会の窓

中学・高校生にとって、学校は立派なひとつの社会です。

そして、家庭は、子どもの生命力を育む場であると同時に、自律、礼儀、他人を尊重し協力するなど、基本的な社会性を教える場でもあります。

同年代の生徒たちと仲良くし、つまずくことなく集団生活をおくっていくためにも、彼らには最低限の社会規範は備えておいてほしいと思います。

また、家庭は子どもにとって、大人社会の窓でもあります。両親やきょうだいとの日常的な会話から、子どもは社会の仕組みや大人を理解していきます。

家に出入りする人たちと家族が交わす何気ない世間話、テレビや新聞などのメディアを通して飛び込んでくる、政治経済、科学技術、スポーツ芸能の話題。金融危機の影響でお父さんがちょっと渋い顔をしているとか、お母さんも仕事をすることになるかもしれないとか、親戚《しんせき》のお兄さんが就職難だとか、地球温暖化で気象変動が激しくなったなど、社会情勢を肌で感じ、大人社会とはどのようなものであるかを学んでいるのです。

そういう大人たちの見聞を肌で感じることにより、「自分も実はこの社会の一員である。決して孤独ではない」ということを、子どもは実感していきます。

社会に対して関心を持つスタートは、家庭にあります。忙しい世の中ですが、できるだけ一家団欒《だんらん》の機会を持って、会話をしていただきたいものです。

また、この頃、親の言動の影響は大きく、親の社会性がそのまま子どもに投影すると言っても過言ではありません。

とくに中学・高校くらいの男の子は、同性である父親の生き方を参考にするものです。この頃のお父さん方は仕事上で重責を担い、毎日忙しく、なかなか子どもと向かい合う機会や余裕が少ないと思いますが、なるべく直《じか》に顔を見て話していただきたい。接点を絶やさず持っていただきたいと思います。

子どもは進路や人間関係など、いろいろなことに悩んでいるものです。ともすれば父親というものは率先垂範となりがちですが、人生の先達として、悩みや迷いの相談相手になってやってほしいと思います。

頼ってきたときは、後回しにしないで真剣に話し相手になってください。

フィルターをかけない

子どもが何かをしようとしたときに、「やめておきなさい」と、親の目線でフィルターをかけてしまうのは望ましくありません。「やりたい」という意欲があるから、子どもは試してみたいのです。意欲とは、生命力の発露です。

生命力の強い子どもには、強い意欲があります。冒険や挑戦を好みますし、何かやっては試行錯誤する。しかし、それは意欲の現れです。

見ていてハラハラ、イライラするのですが、これに対して安全本位の消極的な、あるいは否定的な反応ばかりしていると、子どもが自ら体験したり、コミュニケーションをとったりするチャンスを奪います。

また、親がレールを敷いてしまうのも考えものです。子どものことは心配だけれど、しばらく黙って様子を見て、好きにさせる。もちろん、時や場所、場合に応じてですが、これが必要です。そもそも大学卒業までは、人生の準備期間であり、試行錯誤するために用意されている期間です。

自己責任で体験させることで、子どもは精神的な抵抗力や免疫力をつけ、結果として生命力が強化されます。

このようなことは、できれば小学生の頃から心がけるとよいのです。

体系的な学問の基礎を教えるのが中学・高校時代であるとすると、興味、動機、感性を養うのが小学校時代です。まだ世界は狭く、小さいけれど、日常生活や友達との遊び、メディアから入ってくる情報を通して、子どもながらも何か感じているはずです。

そういう時期に、やりたくないのに無理やり机に座らされ、風化した知識を教えられても、勉強がいやになるだけでしょう。

風化した知識とは、「覚えておきなさい」という、単なる暗記ものです。子どもが自分の目で見て、体で感じたこと、それこそが本人のベースになるのですから。

家の仕事を手伝わせるのも一案です。買い物くらいでもよいでしょう。買い物に行けば、社会と接点を持つことができます。親に「ありがとう」と言われれば、子どもながらも達成感を得ます。

「頼りにされている」と感じさせる、「頼られている」という感覚を味わわせること。それが大切で、そのとき、子どもは「生きがい」につながるものを感じているはずです。

学校と家庭の「幅」が大切

人生の長さから見れば、中学・高校の6年間はあっという間です。しかし、学校の目標は、この限られた短期間に生徒をあらゆる面で引き上げていくことですから、当然といえば当然ですが、彼らには緊張感や負担感が生じます。

目標を目指して必死にはい上がろうとすることもあれば、途中でつまずいてしまうこともあるでしょう。そのときに子どもを後ろから支えてあげられるのが、家庭です。

つまずこうが何をしようが、自分をいつも認めてくれる。そういう存在があれば、それこそ思うぞんぶんつまずくことができます。

ところが最近は、親が子どもの先に立って引き上げようとしたり、後ろから尻を叩《たた》いて追い立てたりします。これでは家にいても休めませんし、学校とは違う負担感が募り、生命力、エネルギーが減少してしまいます。

最近は世の中全体がせっかちで、短期間で答えを決する傾向が強くなっています。早く、早くと急ぎ、瞬間、瞬間で変化に対応できないと落ち度があるような気分にさせられる。勉強にしても、速く回答する訓練が重んじられているような気がします。じっくり考えさせず、すぐ答えられるような教え方。受験の影響もあるでしょうが、点数をとらせる教え方がよいというような風潮があります。

しかし、これは長い目で見ると非効率でロスになります。テストでいい点数がとれた、難関校に合格した、それは表面的な成果で、それ以上のものではありません。

子どもを見る目もそうなってはいないでしょうか。

成績が1回でも悪くなると、奈落《ならく》の底に落ちていくような錯覚をする。子どもの将来を悲観的に見る親御さんが増えたように思います。早く手を打たねばと対策に走ることが、教育熱心な親のようにも思われがちです。

もともと日本という国には、歳月というゆっくりとした時の流れの中で、物事を解明していこう、道理をわきまえさせていこう、という考え方がありました。温厚で、協調の精神に富んだ日本人には、もともと長期的な思考は体質的に合っているはずです。

また、子どもをリードするのが親の役目だと思われている方もいます。しかし、子どもをリードするのは学校の役目です。

学校は、生徒の前に立って指導する、引き上げるところ。家庭は学校と同じことをする教育機関ではなく、子どもの後ろに回ってバックアップする、サポートをする場であり、そうしていただきたいと思います。

しかも、本人にその気がないのに親が引き上げようとすれば、反抗心も出るでしょう。すると、反抗することにエネルギーを費やして、向上のために使うぶんがなくなります。サポートに徹した親の本当の愛情は、必ず子どもの向上エネルギーに転化するはずです。

学校の役目と家庭の役目の間には、間隔があるといいのです。十分な間隔があいていれば、それは子どもにとって精神的な「幅」になります。前に書きましたが、「幅」は「負荷」を支える分母に加わります。したがって、子どもが受けるストレスは減るのです。

子どもに対する価値観を単眼的にせず、個性を尊重し、よいところをどんどんほめて、自信を持たせてください。それも精神の「幅」につながります。

資質を伸ばす

「イチロー選手って、すごいなぁ」とは誰もが思うでしょう。しかし、同じように「同級生のA君はすごいなぁ」とは、子どもたちも、本音の部分ではなかなか思えないでしょう。もう少し大きなスケールで、時間的にも長い尺で見てみると、自分と同じクラスのA君を比べるというのは意味がありません。社会という大きな器から見れば、子どもたちはみんな同じです。

しかし、これはすでに社会に出ている大人だから分かることで、そんなふうに言っても子どもは納得しません。

そこで、「自分の個性を伸ばして、その人を超えてしまえばいいんじゃないか」と、考えさせることはできないでしょうか。

個性的というのは、変人とか奇人になれというのではなく、自分の資質に忠実になろう、ということです。

狭い土俵で競っているから、相手を排除したくなったり、悪く言いたくなったりする。比較するから、嫉妬などが噴出するわけです。自分の資質や個性に素直になる、ということです。

つまり、人と比べて自分の限界を知ることは大切です。誰でも知っているアインシュタインという有名な科学者の理論的頭脳はずば抜けておりました。しかし実験は苦手で、学校では、実験は最低点でした。言語障害のハンディもありました。悩みや限界がたくさんあったわけです。好きなことしかしないタイプでしたが、結果、天才的な科学者と言われています。

もし、科学者としての職が得られなかったら、きっと不本意な人生に終わったでしょう。

エネルギーは自分を高めることに使う。あるいは、社会にサービスすることに向ける。

自分の資質を生かすというやり方を崩さずに、限界を感じたら別の可能性を探る。自分の資質さえ出すことができたら、違う土俵に行っても本人は幸せですし、親兄弟も「あの子は自分の資質を伸ばした。よかった、よかった」となるわけです。

世間の注目を集める、という意味で誰かが目立つ、ということもあります。世間よく大発見とか大発明とかが、ニュースに登場しますが、本当にそうかどうかは、世間やマスコミが取り上げた瞬間には分かりません。

たとえば、波間にクジラがバーンと姿を現し、潮を吹く。そんな光景を目にして、私たちは圧倒され、喝采《かっさい》します。

しかし、クジラにしてみれば、たまたまちょっと海面に出ただけ。いつもは深いところを泳いでいたり、群れていたりする。私たちは「突然、すごいものが出てきた」と思いますが、クジラにしてみれば一日の活動の中のひとつにしか過ぎない。同じ群れのクジラたちにしても、仲間のふだん通りの行動で、当たり前なことのわけです。

ふだん目にしない、圧倒されるものが飛び出してきた瞬間だけを見て、「すごい、これまでにないものだ」と特別視したり、「天才だ」と持ち上げる。〝新しいこと〟が好きなマスコミがとくにそうですが、これはだいたいの場合、間違っています。本人はただ、当たり前のことをひとつひとつ積み重ねてきただけと感じているかもしれません。「たまたま注目された」ととらえたほうが、正しいのではないでしょうか。注目されるチャンスは多くの人にあります。

周囲の評判にまどわされることなく、自分の資質に忠実に努力を続けていてこそ、世間に「たまたま」注目されるチャンスが訪れることもある、というだけのことです。

やる気を引き出す

成績が上がらない、勉強をさせたい、やる気を引き出したい。そういうときに最もよい方法は、「ほめる」ことです。

人はほめられることで、「自分は成功した」と、実感することができる。つまり成功体験の有無がやる気につながるのですが、これが現代においてはものすごく難しいようです。

私は、なぜ親が子どもをほめられなくなったのか、考えてみたことがあります。

今の子どもたちに言えるのは、「やることがふたつしかない」ということです。勉強をするか、遊ぶか。エネルギーを傾ける対象が2つしかなく、それ以外にないのです。

かつて、子どもたちには勉強と遊び以外にもうひとつ、「家事手伝い」という対象がありました。田畑の仕事を手伝う、家畜の世話をする、子守をする、雨戸を閉める、風呂《ふろ》を焚《た》く……。「おまえは働き者だね」「おまえは力があるなあ」などと、人からほめられる仕事が、家庭内で自然に用意されていたのです。

勉強以外で評価される機会があって、その評価自体が立体的でした。

もちろんそこには、「子どもなりにできる範囲の仕事を任せる」という、大人の配慮があったでしょう。それでも子どもたちは、連綿と続く日常生活で、「自分が誰かの役に立っている」という実感を、日々得ることができました。勉強はそこそこでも、「自分は認められている」という存在感が、子どもたちにはありました。

しかし、今の子どもたちには、自分の存在感を示す選択肢が2つしかありません。「勉強」するか、「遊び」をするか。

しかも、現代は遊ぶといっても、昔のように野山を駆け回るのではなく、TVゲームやネットへの書き込みです。本校でもそのような相談がしばしばありますが、今の子どもたちには遊びといったら、まずそれです。

さらに、彼らにはエネルギーがあります。

かつては家事労働で消費できたエネルギーが、今は勉強か遊びにしか持って行き場がない。家庭内暴力が起こる背景には、こんなところに根源があるのではないでしょうか。

子どもの生活空間が、ものすごく狭まっているように思います。


文明は利便さと引き換えに、生活に立体感をもたらしていた要素をひとつ、私たちから奪いました。今の世の中で求められている発明や研究は、いかに人々がより楽しく過ごせるかという方向であり、それは「遊び」方向に集約されつつあります。

一元空間での誘惑ばかり高まっている、いびつな状態だと思います。


ですから、今の子どもたちのやる気を引き出すとしたら、「よく勉強してえらいね」とほめるか、「よく遊ぶね、熱心だね」と2方向しかないのですが、どんなに才能のある子でも、遊びに夢中になっている限り、親からはなかなかほめてもらえません。

そこを何の躊躇《ちゅうちょ》もなく心からほめることができるのが、おじいさんやおばあさんです。

年寄りは自分たちが衰えたぶん、若い人の行動がてきぱきと見えたり、頭の回転も速いように見えるから、手放しでほめることができるのです。

大家族だった時代には、そんな〝ほめ役〟が何人か同居していて、「おまえはなかなか見込みがあるよ」と、フォローしてくれたものでした。

そういう人材が家庭からいなくなった今、やはり親がほめ役を兼ねるしかありません。

世の中には、「自信のある人には絶対かなわない」という教えがあります。

「おまえは将来、伸びるよ」と言われ続けるのと、「ダメだね」と言われ続けるのでは、大きく違う。これは家庭ばかりでなく、学校の先生にも言えることです。

「ダメだ、ダメだ」と言われ続けると、本人にいくら潜在能力があっても、本当にダメになってしまう。いざというとき、「自分はダメだから」と、実力を発揮できない人間になってしまいます。

潜在能力はあるのに、それが発揮できないのは、もしかすると、こちらが引き出してやれていないのかもしれません。「ダメだ」と言って、可能性を潰《つぶ》しているかもしれない。

それを防ぎ、自信回復させるためにも、できるだけ「見込みがあるね」「よくやっている」など、ほめる。そうやっていてひょっとした拍子に高得点をとったり、大人顔負けの仕事ができた、というようなことが1回でもあると、「あのときできたんだから、今度もできるはずだ」という自信がつく。

成功体験はやる気を引き出すベストな経験です。

家事労働の存在が希薄になった現代ですが、何か手伝わせることを見つけて、ほめる対象を増やしてください。家事手伝いは本人の気晴らしにもなるし、「仕事をする」という教育にもなります。

また、家事手伝いを通して、子どもは助け合うことの大切さを覚えるし、何よりコミュニケーションが持てます。すると、その子は健全になります。

エネルギーを傾ける対象としては、部活動や通塾という方向もあるにはあるのですが、これらには学校教育の延長のようなニュアンスがあるので、評価が立体的になりません。

また、学校でいくら「家族で助け合いをしなさい」と教えても、リアリティがないでしょう。

子どもにとって学校とは別の空間といえば、遊び場か家庭になりますから、やはり家庭での活動を伸ばしてやっていただきたいと思います。おじいさんやおばあさんが同居していれば、その手助けでもいいでしょう。ペットの世話、家族のためにパソコンや周辺機器を調整する、家の周辺や地域の掃除、なども、現代っ子ができるお手伝いです。

家族以外の大人との会話やマナー、男女の情愛も家庭で覚えていきます。家庭とは、そういう機会でもあるわけです。

それには、家族で一緒に過ごす時間をある程度作らないと難しいと思います。

不登校を考える

学校に来られない生徒には、いろいろなケースがあり、その理由も様々です。これが「登校拒否」という問題なら、「登校したくない」という本人の強い意志を感じますので別問題ですが、「学校へ行きたくても行かれない」という生徒、つまり不登校生について、どんなふうに考えているか、お話ししたいと思います。

本校の場合ですが、休みがちになってきた生徒については、早めにご両親を呼んで、状況を伺います。なぜ、登校できないのか、その原因を明らかにすることで、原因別対応ができるからです。

その場合、基本的に、「この学校が好きだ」という生徒であれば、一時的に不登校になったとしてもいつかは必ず来れるのです。幸い本校の場合は、学校が好きだという生徒が多いためか、不登校になる生徒自体が少ないのではないかと思っています。

とはいえ、皆無というわけではないので原因を大別すると、ひとつは成績不良です。成績が振るわず、定期試験が近づくにつれ登校したくなくなり、これがエスカレートして不登校になるなど、成績が原因のタイプです。

この場合は、好きな科目だけとりあえず続けるようにとか、経済的な余裕があれば家庭教師をつけてはどうかなどサジェスチョン（示唆）して、中学校の間は長い目で見ますが、本人がかなり自信喪失している場合は、環境を変えるためにも転校を勧めることがあります。

大きな節目は、中学校から高校へ進学する時期です。それまで指導してきた先生の意向を尊重しつつ、本人にとって進学したほうがよいか、あるいは環境を変えたほうがよいか、判断をします。というのも、完全な不登校が1年を超え、2年目になると、学校がいくらがんばっても、本人の気持ちとして復帰しづらくなるからです。なお、本校の中学に留年はありません。

出席日数や欠課の数など、進級するためにクリアしなければならない規定もあります。この点、本校はいかなる生徒にも厳しく接します。

そして、もうひとつは、精神的な疾患です。たとえば、電車に乗るのが怖くて通学できない。自分が登校している間、家に残した家族のことが心配だから、家を離れられない。そういう精神疾患的なタイプです。

どちらの学校でも家庭でも、この問題には苦慮されていると思います。ケースバイケースなので対応も個別に異なりますが、いずれにしても即効的な手立てがない。そこで、本校では、「病気なのだから、まず病気を治して、学校に来られるようにしてもらおう」という視点で不登校をとらえ、あまり課題を与えず、少なくとも1年は様子を見ます。

その代わり、ご家庭では治療に専念していただく。専門医を受診して、薬を処方してもらうのもよいでしょう。その間、学校と連絡をとって、状況を共有します。

通院を始めるとだいたいうまくいくようですが、中にはそれもいやだという子どもがいたり、親のほうが精神科は受診させたくないというケースもあり、そうなると学校としてはもう手の打ちようがありません。不登校の期間は、学校に戻るために治療をする時間ですから、それもできないのでは転校、退学もやむをえないと思います。

　高校生の場合は留年するという手もあり、親御さんが希望するケースもありますが、まず本人自身が選びません。留年しても復帰しない可能性のほうが大きいのでしょう。


　留年、転校、退学の話が出たので書き添えておくと、本校では進級・進学が危ぶまれたときは、ご両親を呼んで相談します。退学するなら、その後の受け皿を決めなければならないからです。十分に話し合った結果、新しい方向に進むことが決まり、いよいよ本校を去る日には、校長室で親御さんと、来られれば本人に対して、私は必ず次のような話をします。

「学生時代は人生の準備期間です。どれだけよく準備をするかが大事なのであって、本校を辞めたことが、君という人間についての最終的な評価にはなりません。自分に最も合った準備スタイルをとればいいのです」。

学校選びは世間の評判で

「入学してみたら、イメージとまったく違った」これは、本校に入学した中学生たちが異口同音に言うセリフです。

表向きは、「運動会や文化祭の雰囲気がよかったから」というのが志望理由のようですが、彼らは小学生ですから、ふだんの学校生活まではイメージできない。「ネームバリューはあるが、勉強ばかりやらされて自由が少ない学校だ」というイメージで受験してくるようです。

ところが、入学してみたら、勉強しろとはまったく言われないし、部活動は盛んだし、みんなよく遊ぶので驚いた、と。

一方、親御さんたちは、情報収集に非常に熱心です。学校は何時に始まって、勉強の進度はどうで、部活は何があって、塾に通っているのは何人かとか。

本校の場合、親はどうしても東大合格率など気にされたりしますが、これはある程度やむを得ない面もあります。ただ、個人的には、価値を単元化する風潮、たとえば大学進学率を学校選びの基準にする傾向は、問題だと思っています。

いずれにしても私は、あまり細かいことは気にしないで、「伝統があるからあの学校はいい」とか、「世の中で活躍している卒業生がたくさんいる」とか、学校選びの基準はその程度でいいのではないかと思っています。

本校の受験にはOB枠のようなものがありませんから、親子で開成というケースは少なく、平均して年数人程度ではないでしょうか。

つまり、大多数の生徒が、本校とは無縁な家庭環境から入学してくるわけです。生徒にとっても親にとっても、初体験というところからスタートする。先入観なく入学して、素直に「この学校はこういうものだ」と受け止めたほうが、早く溶け込めるのではないかと思います。

「見学に来て、生徒を実際に見てよかった」ということでもいいでしょう。ついていけるかどうかとか、あとのことは入学してからです。世間の評判というのは、そんなに間違っていないと思います。

本校に限らず学校を選ぶ際には、結論を言えば、「ぶれない学校」がいいと思います。政治も教育も同じで、今のこの問題がどこに落ち着くか、確かな先見性と情勢の認識力のもとに歩んでいれば、結果はぶれません。現実は必ずそこに落ち着きますから。学校の方針や対応がぶれて、そのたびに振り回されるのはかないませんし、よい結果が出るとも思えません。

確固とした理念を持ち、それをぶれずに長く実践している学校は、例外なく世間から信頼を受けるのではないでしょうか。

ですから、世間の評判というのは、けっこう当てになるのです。

本当の正しいソリューション（解決方法）を備えているかどうか。学校でも社会でも、指導者を見るときは、そういう目で見るといいと思います。

遠距離通学は不利か

本校には通学圏の規制がないので、遠距離から通学してくる生徒が大勢います。電車を乗り継ぎ、片道2時間くらいかけて通ってきたり、新幹線通学してきたり。兄弟で6年間、群馬のほうから通学していた生徒もいました。

中には、学校の近辺に部屋を借りてというケースもあるようですが、関東圏内に自宅がある生徒は、たいてい少々遠くても自宅通学をしています。

本校では卒業時に、遅刻も早退もしなかった生徒に精勤賞を授与していますが、受賞者には遠方から来る生徒が多数います。

ダイヤの関係で、決まった電車に乗らないと間に合わないとか、乗車時間を有効利用して上手にオンオフの切り替えをしているとか、そういう努力もあるでしょう。

驚いたのは、「6年間精勤賞」を受賞した生徒が、２００8年度には39人いたことです。実に学年の1割の生徒が、1日も遅れず、休まずに通学していたというわけです。結局、遅刻もせず欠席もせず、きちんと登校してくるのは、生徒の意欲の問題で、通学時間そのものはあまり関係がないようです。「6年間精勤賞」や中高の「3年間精勤賞」をとるような生徒は、体が丈夫であるのは当然ですが、それ以上に頑張りの精神がとても強い子どもたちです。「精勤賞」をとることを大きな目標としている生徒も多数います。

学校としては生徒に精勤賞を与えますが、素晴らしいのは父母の会主催の謝恩会で、精勤賞をとった生徒の親を表彰することです。

本校の始業時刻は、4月から10月までが夏時間で、午前8時10分から。11月から3月は冬時間となり、8時20分に1時限目が始まります。つまり、始業に合わせて生徒を送り出す親も表彰ものだ、というわけです。

お母さんは当然、生徒より早起きして弁当を作るでしょう。中学生の間は基本的に弁当持参ですから、お母さんたちはそうとう早起きしているはずです。本校は月曜から土曜まで授業がありますから、ほぼ1週間、これが続くわけです。

また、授業は夏時間は午後2時30分、冬時間はその10分遅れに終業するものの、下校時刻は午後5時。図書館もその時刻に閉館しますし、部活や委員会によっては「延伸届」を提出して午後7時まで活動しますから、帰宅はさらに遅くなる。

ご家庭のご尽力がしのばれます。２００8年度に謝恩会で表彰されたお母さんの中には、やはり「片道2時間くらいかかる」という方がいらっしゃいました。

ちなみに、本校の生徒たちは〝4食主義〟が主流です。朝早く家を出てくると、昼休みまでおなかが持たないのでしょう。昼休み前に弁当箱が空になる生徒が大多数で、昼食は学食に生徒が集中したり。

この伝統は、中学1年生でもすぐに身に付くようです。

親の心情は複雑

「子どもが口も利いてくれない」「自分から離れていくようでさびしい」これは、中学・高校生を持つお母さん方共通の嘆きです。

しかし、思春期に突入した息子たちはそれくらいの態度が当たり前で、むしろそうならないほうが心配。自立心が育って、親離れする時期ですから。

それでも高校生くらいまでは、母親が生活の中心です。

私自身も高校までは、生活の中心に母親がいました。父親は技術者でしたが、家で仕事の話を聞いた記憶はありません。「家庭は女の城、自分は兵糧係」という時代だったのでしょう。

それが実社会に出てからは、何かの節目には父親に相談するようになりました。私やほかの兄弟が理科系の道に進んだことも、父親の影響が多少あったかもしれません。

息子たちから見ると、父親は、家庭における同性の実社会体験者です。同性としての近しさと同時にまた反発もあるでしょう。

しかし、信頼していれば、彼らはやがて、人生の先達として、父親にアドバイスを求めるようになるでしょう。ただし、その時期は社会人になってから。中学・高校時代は、やはり母親が拠りどころです。

大学の後半から社会人になる頃になると、構図が変わって、父親－息子という直接関係になるようです。


それにしても最近は、お子さんのことに熱心なお父さんが増えました。休日の学校説明会には、お父さんが一緒に来られるのは、当たり前になりました。

両親揃《そろ》って教育にかかわるのは本来当たり前の話ですし、昔の父親はかかわっていなかったというとそうではなく、根本的なこと、学校の評判や卒業生のことなどはつかんでいたと思います。ただ、情報化が進んだせいでしょうか、両親揃って細かくなった傾向はあるかもしれません。

本校では学校説明会や学外の受験相談会のような機会に、個別に質問を受けます。お母さん方に多い質問は、「うちの子は合格するでしょうか」「入学したら勉強がついていけるでしょうか」で、この点を最も気にされるようです。しかし、まだ入学もしていない時点での質問ですから、どんなお子さんかも分かりませんので、「まったく問題ないです」「小学校時代は伸び伸びと過ごさせてください」としか、答えようがない状況です。

お母さん方は、まず合格することに全力投球で、入学後のことは勉強が心配。

その点、お父さん方は子どもの人間形成や将来に関心が強いらしく、このご時世ですし、息子に対して期待感があります。この学校で教育を受けるとどんな人間になるかとか、卒業生はどんな職業に就いているかとか。お母さん方より少し先のことを気にされる。

入学してからも、たとえば大学受験の相談時など、大きな節目には両親で見えるようになりました。時にはお父さんひとりで来校されることもあります。

ただ、学校の教育に関しては、お父さんが口出しすることは少ないですね。授業方針がどうだとか、先生がどうだとか、そういう情報に関してはお母さん方のほうが強く、時には匿名の手紙もいただきます。

その場合はすぐに実態を把握し、対応します。私は、これは世論調査のようなものだと思っていて、手紙をいただくこと自体は気にしていません。子どもを通わせているわけですから、匿名で送ってくる心情はよく分かります。

お母さん方は子どもとの距離が近いぶん、いいことも悪いことも直接的に目に入るので、悩み疲れることがあります。極論すれば、子どものすべてが心配になる。両親がいる場合、そうやって子どものために一生懸命になって疲れているお母さんを、お父さんが精神的に支えることで、初めて完全形ができます。

もし、ひとり親家庭であって、この完全形がとれないときには、親に大きな精神的負担がかかります。しかし、そのような環境でも、立派に育っている子も現実にはいるものです。

上手に子離れ

子どもの親離れを惜しみ、残念がる。本校の生徒は独立心が強く、反抗期だといってもあまり親に面倒をかけないほうなので、お母さん方はよけい急速に子どもが離れていくような気持ちがするのかもしれません。少子化時代で一家族の子どもの数が少なくなってきていることも影響しているでしょう。

そこで、お母さん方は、それまで子育てにかけていたエネルギーを、今度は父母会などに注ぐようです。

本校には「父母と先生の会」という、在校生のご父母による有志団体があり、著名人を招いて講演会を催したり、広報誌を発行したり、ホームページを開いたり、非常に活発な活動をされています。

文化祭など学校行事の折に、オリジナルグッズや制服のリサイクル販売をしているのも、

「父母と先生の会」の方々です。オリジナルグッズには、キーホルダーからクリアファイル、マウスパッド、Tシャツ、タオル類など様々なものがあり、自分たちでデザインをして、発注しています。もちろん学校の許可を取ってですが、その収益はすべて「父母と先生の会の奨学金」になっています。

こうしてみると、本校ではご父母の自主的な活動は多いかもしれません。

「地区開成会」といって、これも在校生のご父母で構成された学外組織が、年に何回か親《しん》睦《ぼく》会を開いています。私や先生たちも呼ばれて参加させていただくことがありますが、そのような折に、「TVゲームばかりしているのを止めさせたい」といった相談を受けることがあります。このような父母活動に参加されることも、上手に子離れする賢い方法ではないでしょうか。

ところで、たまたま本校の卒業生に東大合格者が多いことから、「そのような子どもが育つ家庭環境には、何か共通点はあるのか」と尋《たず》ねられることがあります。しかし、私が見たところ、共通するものはないと思います。家族構成や経済状態も様々で、強い相関はないようです。

いずれにしても、子どもは子ども、親は親。能力も人格も別のものであることを親はどこかでわきまえておかなければなりません。

教育熱心なご家庭で、親子が一心同体になって一生懸命に受験勉強に取り組む姿はよく見かける光景です。受験に限らず、スポーツや音楽の世界でも、このように親子鷹で、掲げた目標を達成しようとすれば、親と子両者の歯車がうまくかみ合って、歯車がスムーズに回転しなくてはなりません。そのためには、歯車に〝遊び〟が必要です。〝遊び〟がない歯車は、がちがちで全く動きません。

「親子は本質的には別の存在」とわきまえることは、ちょうど、この〝遊び〟を持っていることに相当すると言えます。

第一章の「ストレスを支える」項で〝幅〟の大切さを述べましたが、この〝遊び〟は、親子の愛情で〝幅〟のようなもの、と考えるとよいのではないでしょうか。

親離れ、子離れというのは成長のプロセスに必要なことですが、だからといって愛情がなくなるわけではありません。

愛情と信頼があること。このことが親子にとって年齢や環境を超えて大事なことです。

恩師と出会うために

先生という存在は、生徒の人生において影響力がたいへん大きい。とくに小学生時代は、初めて日常的に接する家庭外の大人ですから、両親以上に影響します。

中学校、高校でも同じで、勉強に関しては、興味をひくような教え方をする先生、人格的にも優れている先生に出会うと、その科目も好きになることがあります。

私の経験で言うと、「恩師だ」と思える先生と出会うことが大事です。

恩師とは、自分にいい影響を与えてくれた先生です。恩師のひと言が、どんなに生徒の生涯を支えるか。

私は小学6年生の1学期半ばに千葉県市川市へ引っ越してきたのですが、ここで出会った先生とは、未だに連絡をとっています。当時は進学塾がない時代でしたから、私が中学受験をすると知ると、特別に居残り特訓をしてくれたり。本校への就任が決まったときも、激励してくれました。

通信簿に、「国家有為の人材なり」と書いてくれた高校時代の英語の先生も忘れられません。運動会に備えて棒倒しの実践練習をしていたとき、私がたまたま棒にとびついた瞬間、棒が倒れたことがありました。それを見ていて、「胆力あり」と書いてくれた。タイミングでそうなっただけのことですが、このひと言も支えになりました。

通信簿は親も見ます。

こういう恩師がいると、「恥ずかしいことはできないな」と思います。

先生のひと言は残り、拠りどころとなります。どの段階でもいい、大学に入ってからでもいいですから、恩師をひとりでも持てるといいですね。

ただし、先生によっては逆の影響力もあって、「おまえはダメだ」と先生に言われて、本当にダメになることもあります。

本校では、特定の先生と生徒がうまくいかないというケースはまずありませんが、指導方法については、校長として様子を聞いてチェックを入れています。

基本的には、本校の先生は面倒見がいいと思います。必要があれば、家庭訪問をいとわない先生もいますし、対応をよく考えていると思います。


タブーは、家庭で先生の悪口を言うことでしょう。

たとえ真実で、どんなに先生が劣っていたとしても、それは最終手段です。親が先生を否定した瞬間に、子どもは学校での居場所をなくしてしまいます。

先生ひとりひとりについては、学校は保護者以上につかんでいるものです。先生に対する評価が学校と保護者で大きく分かれることは、まずないと思います。ですから先生の管理については、学校を信頼してもらうのがベストです。

「学校を替わる」という前提がない限り、先生の悪口を子どもの前で口にしてはいけません。親が子どもの前で先生を批判することは教育効果上マイナスで、子どもにとって少しもプラスにならないのです。

屈託のない人間関係

どんなに立派な家庭環境が用意されていても、子どもの世界には、友達同士でつるみ合わなければできないことがあります。

遊びにしても、何か思考していく過程にしても、友達の存在はとても大事です。先生や親からのひと言も心に残りますが、友達から言われた「おまえはすごい」というひと言は、かけがえのない自信になります。

本校の生徒たちには屈託のない人間関係がベースにあり、素直で正直な生徒が多いことから、よい友人関係を築いていると思います。病気や不登校などで欠席した生徒にノートを貸すなど、助け合いの精神もあるようです。

いろいろな地域から通学してくるので、毎日のように家を行き来するような付き合いをするのは難しいと思いますが、それでも運動会の前には学校近くの友人の家に泊まったりしているようです。本校という環境で出会った友人たちは、後々も大きな存在として残るでしょう。

学生時代の私は部活動には熱心なほうではなく、柔道部や理化学部など、出たり入ったりでした。そのため、部活にも友達はできましたが、同じ駅から通学する生徒が何人かいたので、そちらのグループと親友になりました。

たまたま小学校も同じだった友人とは、なおさら親しくなって、しょっちゅう遊んでいました。互いの家を行ったり来たりしましたし、江戸川で魚を釣ったり、泳ぎに行ったり。そういう連中がいなかったら、別なグループと仲良くなったかもしれませんけれど。

その親友とは、今も付き合っています。私が大学の研究室で教えていた頃、学生のリクルートに来たこともありました。

本校には卒業後も密接な人のつながりがあります。「開成会」というOB会があり、地区ごとに支部があり、今でも活発に情報交換をしています。

中学・高校時代の友人は、大学時代にできた友人とは違います。本当の意味で打ち解けられる。あまりにも居心地がいいんで、ちょっと困るくらいですが。

こんなふうに本校には、一生涯の友を得る環境があります。


そのような生涯にわたる屈託のない人間関係を育むためにも、本校では厳しく指導していることがあります。飲酒、喫煙は厳禁、特に窃盗行為は厳罰です。

窃盗行為とは、金品を他の生徒から奪うということです。これについては、生徒が中学生であっても、徹底的に調べます。物を盗んで自分のものにするという考えは、人の道に反することですから。

自己利益のために他人から何かを奪う。これは最大のルール違反です。


この厳罰は、被害者を出さないための予防措置であるとも言えます。

「学校で物を盗まれた」という経験は、被害者の心に深い傷を残します。信じていた仲間に裏切られるなど、いわば性善説を覆されたも同じです。発達過程において、精神的な傷をつけることになる。

世の中に出れば、性善説などと、そんなきれいごとを言ってはいられないでしょう。しかし、せめて中学・高校時代は、人を疑うことからスタートさせてはいけない。この頃にそのような不幸な経験をしてしまうと、人間不信の種になります。

心に人間不信があると、人間として大きくなれなくなってしまいます。いつも疑うことから始まる上に、一度ついた傷はなかなか癒《い》えません。ですから、窃盗行為で最も厳しい罰を受けることは、「それをやったら被害者が出る。精神的に大きなダメージを与えるんだぞ」という事態を意識させるためにもあるわけです。

また、そのまま在籍していても、「あいつは物を盗むやつだ」という目で見てしまう。本人も居づらくなります。

学校を、窃盗が当たり前に行われる環境にしてはいけない、ということです。

最近は、電子手帳のような高額な機器も持ってきます。帰りに秋葉原へ寄るからと、高額を持ってくる生徒もいるようです。

しかし、問題の焦点は、金額の多寡ではないのです。

レンズを大きくする

虫眼鏡に太陽光線を通すと、ある瞬間、紙がメラメラと燃え上がります。燃え上がった点が、レンズの焦点です。

進路の選択は、このときの焦点探しに似ています。

すでに進路が決まっている子どもなら、それを突き進めばいいでしょう。決めかねている子は、「ほかの道を選んでいたら発揮できた能力を、この道を選んだことによって捨てることにはならないか」と考えているかもしれません。

子どもがそういう様子を見せたときは、何となく好きなことでいいから、活動したい分野を決めさせるとよいのです。太陽光線をレンズで集光するイメージです。

ただし、同じ光を集めるのでも、小さなレンズと大きなレンズとでは、集められる光の量が違います。

ピンホールのような小さな穴を通してでは、もちろん紙に光は当たりますが、燃え上がらせるほどのエネルギーにはなりません。これがもし大きいレンズであれば、たくさん光を集めることができて、鉄をも溶かすエネルギーになります。

また、「ぼくはこれしかやらない」と、特定科目だけしか勉強しないでいると、その先に進んでも、作り出せるエネルギーは弱いのです。

たとえば、「法学の道に進路を決めたから、数学はやらない。世界史も直接関係ないから捨てる。法学部の入試に必要な科目だけやればいい」という子どもの場合、その子のレンズに入る光線は非常に少なく、当然、焦点に集まるエネルギー量も少なくなります。

中学・高校時代には、レンズそのものを大きくすることができます。

これが大学以上になって専門分野が特定してしまうと、なかなかできません。専門外の学問が入りにくくなるからです。

レンズを大きくするには、幅広く学ぶこと。そうしていると、次第に光を受け入れる面積が広がります。

レンズは大きければ大きいほど光を集め、多大なエネルギーを生み出します。

そして社会に出て、今度は光を当てる角度を調整して、焦点を変えていくこともできます。

仕事を持って30代になり、能力的なことを含めてもうまくいかないと感じたときは、本人がレンズを動かし、自分で方向を決めればよいのです。すると、別のところに焦点が当たって、みごと燃え上がります。

角度を少しずらすくらいは、本人にとってもわけがないでしょう。

このとき、選択肢がたくさんある子は幸せです。

選択肢がたくさんある、ということは、レンズが大きく、いろいろな光を集められて、しかも燃え上がらせるエネルギーが大きいということでもあります。

勉強もした、スポーツもやった、スポーツではサッカーも水泳も好きだったけれど、野球の道を選んだ。ところが、野球でどうしてもうまくいかないとなったというときなどにも、レンズをずらしながらいろいろやってきたことが生きるのです。

つまり、進路の選択というのは、「ほかの道を選んでいたら発揮できた能力を捨てる」ことではなく、「焦点を絞る」ことなのです。

このようなことからも、一芸主義というのは迎合主義ではないかと、私は思うのです。芸術の道を進むにしても、数学や物理もやったほうが、自分の芸に生かせるのではないでしょうか。作品のパワーが違ってくると思います。独創的なことも生まれやすくなります。

レンズで光を集めるようなイメージで勉強を心がける。とにかく貪欲《どんよく》に勉強をする。学んで無駄なものは何もないということを、ご家庭でも教えていただきたいと思います。

岐路に立つ子どもへ

進路を決めるということは、高校生にとって大問題です。親にとっても大問題ですが、それ以上に彼らは迷い、悶々《もんもん》とするでしょう。文科系か、理科系か。自分の能力に比べてこの大学はどうか、卒業して仕事はあるか、収入を得ることができるか。そんなことを子どもなりに、複雑な計算をして迷うと思います。

しかし、時期が来たらスパッと決めなくてはいけない。

本校の生徒たちで言えば、医者は絶対に必要な職業だから医学部を受験しようとか、コツコツと研究をするのが好きだから科学者になろうとか、文科系なら正義の味方の法律家を目指そうとか、いろいろ考えてそれぞれの道へ進んでいきます。

ただ、ここで彼らがどんな道を選んでも、その先でも準備は必要になりますし、絶え間ない努力が求められます。それには、心底好きだとか、強い使命感に燃えるとか、やりがいを感じるとか、そのようなモチベーションがないと、先が続かないわけです。

このようなモチベーションというものは、親や先生に教えられて身に付くものではありません。自分の内側から出てくるものです。

スポーツ選手にはそれがあるから、好不調の波があっても、基礎練習を続けられるのです。自分の夢を実現させるためには準備や努力が必要だということを、無意識に悟っているわけです。

このような努力は、やはり、好きな道でないとできません。少々頭がよければ、小手先で要領よく大学に合格していくでしょうが、人間としてはせいぜいそこまで。

本心では病気の患者さんなんて診《み》たくないのに、偏差値が高いから、安定した職業だから、親や親戚が強く希望するからと、医学部を受験する。

これでは名医になるどころか、世の中への貢献にもならないでしょう。大学入試や国家試験はクリアできても、その先が続かない。本人にとっても不幸です。

自分に合った人生のテーマは何か。

自分の資質や能力を十分に発揮できそうな分野は何か。

これを見つけるとき、何をベースにして考えるとよいかといえば、「自分（子ども）にとって変わらないもの」だと思います。

好きなこと、価値をおけること、自分の傾向。それは高校時代の後半に、ほぼ固まります。それを改めて考えさせる。

それでも、「どうしても好き」なことが見つからない。そういうときは、「嫌いなことは何か」を考えればいいのです。消去法ですね。

好きなことより、嫌いなことは、はっきりと分かります。

消去法で消していくと、「どうしても好き」というものは見つからなくても、「なんとなく好き」というものは残るでしょう。それくらいのものならきっとあるはずです。

「なんとなく好き」というのは自然で、実はかなり正確です。

友達でも男女関係でも、「なんとなく好きだ」というのは、けっこう本質をついているのではないでしょうか。「なんとなく好き」や「なんとなく楽しい」には、「もっと好きになるかもしれない」「もっと楽しくなるかもしれない」という希望が見えます。

すると、努力も苦ではなくなります。


子どもが岐路に立ち、迷っていたら、「自分に素直になってごらん」と、自分は何が好きなのか、考えさせてみてください。

いやいや進んだ道で無理な努力を続けても、精神衛生上よくありません。

進路を決めることは人生最大の課題で、昔から若者を悩ませ続けてきた永遠のテーマ。好きだから持続できるし、本人も向上する、そういう目で子どもを見てください。

学校のその先で

学校教育は、社会に出る準備をさせるところに、その本質があります。その準備のさせ方に、それぞれの学校の特色が出るのだと思いますが、本校での準備期間を終えた生徒たち、つまり高校を卒業していく生徒たちに、私は次のような言葉を贈っています。

人生は山あり谷ありで、現実には谷の時期が多いものです。努力したが世に認められない、仕事で失敗した、このようなこともあるでしょう。

しかし、他人と比較して、自信喪失や自暴自棄になってはいけません。無名のときのほうがよい仕事ができるものです。

人は、他人と比べて秀でた面を持っていれば、それと同じくらい劣った面も持っているものです。

人生は長い。自分を見失わずに、自分の優れた面を生かし、伸ばすことを怠らなければ、きっと成功するでしょう。


彼らには大学という、もう一段階上の準備期間があります。

しかし、これは学問の専門領域に入っていくわけで、人間としての基礎づくりの段階は中学・高校時代でほぼ終了です。

社会に出てから、初めて人生の谷間に陥ったとしても、人をうらやむな、自暴自棄になるな、努力を続けなさい、本校で培ったものはぶれないから、ということを覚えておいてほしいと思っています。


これからの若者には何が最も求められているでしょうか。そのひとつが創造性を持つことです。ところで、独創的なアイディアとは、何か突拍子もない非常識から生まれるものと思われがちですが、それは大いなる誤解です。優れたアイディアと言われるもののほとんどが、実は過去と連続した、自然で合理的な考えの延長にあるのです。先人たちが築いてきた地道な研究、追究してきた普遍的な哲学、その積み重ねがあるからこそ、世の中に新しい発想が生まれ、人々に受け入れられもするのです。

先人たちの研究や哲学を受け継いでいるのは、何も一握りの選ばれた人間ではなく、私たちの誰もがそれを手にしています。

ということは、独創的なアイディアを生み出すチャンスは、誰にでもあるということなのです。独創性がないから自分は芽が出ないのだ、成功しないのだと、自信喪失することはありません。それを忘れないでほしい。

「地球温暖化など、地球規模の問題を考えていくときに、諸君は自由に考え、行動してよいのです。おそらく、人とは何かという問いに行き着き、再び考える、ということの繰り返しになるでしょう。考えて行動していくことこそ、諸君ひとりひとりの課題です」

ある年の、高校の最後の日に生徒たちに贈った言葉です。

人の資質は個々に固有のもので、まったく同じものの持ち主はいないのです。資質には生まれつきの面もありますが、後天的に養われる面も多々あります。

関心があること、好きなこと、やりがいを感じることに、自信を持って五体五感を総動員し、真剣に取り組んでいれば、やがて「自分に固有のもの」が勢いよく湧《わ》き出てくる瞬間を感じることができるでしょう。

そのときこそ、長かった準備期間が報われる瞬間です。

おわりに

私が本校の校長として初めて壇上に立ったのは、２００２年4月5日、入学式の日でした。前日、式辞に備えて何度も原稿を書き直しているうちに、東の空が白んできたことを思い出します。何しろ私は、その数日前まで、応用物理学会で講演をしていたような一研究者でしたから。

群馬大学工学部電気電子学科で14年間、学生を教えていた私に、母校である開成学園から校長就任の打診があったのは２０００年のことでした。当時、私の研究室には常に20人ほど卒論生、大学院生、研究者がおり、その半数が欧米諸国はもとより、インド、中国、トルコ、エジプト、ガーナなど、10カ国に及ぶ国々から来ていました。研究室では英語を公用語とし、非常に和気あいあいとした雰囲気の中で協力し合い、切磋琢磨《せっさたくま》に励み、私も自分の研究に没頭していたものです。

そのような状況でしたから、母校からの打診はまさに晴天の霹靂《へきれき》でした。研究室を離れるとなると、実験ができなくなるし、学生たちには泣かれる。どうしたものかと思案しました。しかも、母校は知らぬ間に、全国でも有数の進学校になっていた。私に務まるだろうか——。そのとき、ふと頭に浮かんできたのが、「〈研究〉と〈教育〉には類似性があるのではないか」という発想でした。

〈研究〉も〈教育〉も、どちらも「よく観察して分析し、対応する」という点では同じです。また、「対象に強い関心がなければならない」という点も似ています。ただし、こと〈教育〉に関しては、対象が人物だけに、〈研究〉以上の強い関心を対象に抱くことができなければ難しいでしょう。

その点、幸いにも私には、群馬大学以前から学生を指導してきた経験とノウハウがありました。こちらからテーマを押しつけるのではなく、学生に自ら提案させて1年くらい自主的に研究させてみる。それでうまくいく学生もいれば、どうも難しい学生もいるわけで、その場合は視点を変えて取り組み直すよう促す。

もちろん、学生には卒業や就職という期限がありますから、それを考慮した上でのアドバイスになりますが、本人をよく見ていれば、「レンズの向きを変えるように、違う角度から考えてみたら」などと、指導できるわけです。学生が中学生や高校生でも、これは同じだろうと思いました。

また、私は常々、〈教育〉をするなら外の世界にいた人間のほうがいい、教育以外の分野で鍛えてきたことを伝授するほうが、生徒たちもよく感化させられるのではないか、という考えを持っていました。〈教育〉を仕事にすると、ついつい支配的になります。生徒を手放すことができなくなる。相手に要求してしまうのです、「私は専門的に学んでいる。だから、こうすればこうなるはずだ」と。しかし、そういうことは人間相手にではなく、自分自身の〈研究〉でやればいいことです。

その点でも私は、1965年に光磁気ディスク（MO）の基礎理論式を発表して以来、産学協同のさきがけのようなことをずっとやっていましたので、研究者でありながら時勢に揉《も》まれる機会が多々ありました。〈教育〉の外にいた人間だからこそ、現場で見えなくなっているものが見えるかもしれないという思いが、私の背中を多少は後押ししたと思います。

一方で、心したこともあります。それは〈研究〉と〈教育〉の相違点でした。〈研究〉とは、対象が「物」や「現象」であり、自分のコントロールが利きますし、失敗が許される世界です。しかし、〈教育〉は、対象が「人格」です。主体は相手であり、自分は従に徹しなければならない。コントロールしてはいけないし、失敗も許されません。そのような思案と逡巡《しゅんじゅん》の末、最終的に私が就任を決意したのは、「期待が来たら、その期待に応《こた》えなければならない」という信念でした。

中学・高校での教育の本分は、本人の資質を一生の間に開花させるよう、準備させるところにあります。これは学校においても家庭においても、その役割は異なるとはいえ、同じではないかと思います。

本校の初代校長・高橋是清《これきよ》先生も、「人間は、全員が皆同じことをやる必要はない。個性を健全に伸ばし合っている状態こそ、自然である」というようなお話をされています。

個性とは世にも特異な才能という意味ではなく、その人に固有の健全な資質のこと。中学・高校時代なら、その資質はまだタネの段階です。

ですから私たちは、生徒や子どもを見るときに、「このタネは、やがて芽を出し、葉を茂らせ、花を咲かせるのだ」という自覚が必要だと思うのです。しかもその花は、教師や親よりも大輪になる可能性のほうが高い。だからこそ生徒や子どもとは、対等な人格であるという認識が大前提になるのです。

学校においては生徒の回路を働かせ、家庭においては子どもの地下水脈を枯らさない。そうやって資質を伸ばし、自己実現した子どもは、やがて社会に貢献します。すると、本人も周囲も幸せです。本書が、そのような教育や子育ての一助になれば幸いです。

２００９年10月

芳野俊彦

装画・挿画　龍神貴之
装丁　石間淳
本文デザイン　高瀬はるか
編集協力　安里麻理子

開成学園　男の子を伸ばす教育

2009年11月15日　初版第1刷発行

著者　　芳野俊彦

発行者　佐藤正治
発行所　株式会社小学館
　　　　〒101-8001　東京都千代田区一ツ橋2-3-1
電話　　編集 03-3230-5450
　　　　販売 03-5281-3555
印刷所　共同印刷株式会社
製本所　株式会社難波製本

ISBN978-4-09-840116-1

制作／直居裕子・太田真由美・渡邉みのり　宣伝／島田由紀　販売／小松慎　編集／小川美奈子